Söhne der Sonne

MYTHEN DER MENSCHHEIT

Söhne der Sonne

JAPAN

MYTHEN DER MENSCHHEIT

SÖHNE DER SONNE: Japan
Autoren: Tony Allan (Eine Welt für sich; Das Vermächtnis der japanischen Mythen), Michael Kerrigan (Land der Helden; Geister und Dämonen), Charles Phillips (Götter ohne Zahl; Die göttliche Dynastie)
Wissenschaftliche Beratung: C. Scott Littleton

Ein Projekt von Duncan Baird Publishers, London

DUNCAN BAIRD PUBLISHERS
Managing Editor: Diana Loxley
Managing Art Editor: Clare Thorpe
Series Editor: Christopher Westhorp
Editor: Christopher Westhorp
Designer: Christine Keilty
Picture Researcher: Cecilia Weston-Baker
Commissioned Illustrations: Neil Gower
Map Artwork: Lorraine Harrison
Artwork Borders: Iona McGlashan
Editorial Researcher: Clifford Bishop

TIME-LIFE BOOKS
Redaktionsstab des Bandes SÖHNE DER SONNE: Japan
Editorial Manager: Tony Allan
Design Consultant: Mary Staples

DEUTSCHE AUSGABE
Leitung: Marianne Tölle
Redaktion: AFR text edition, Hamburg
Aus dem Englischen übertragen von
S. Goehrmann, A. Lettowsky und B. Reß-Bohusch

Titel der Originalausgabe:
REALM OF THE RISING SUN: Japan
Authorized German language edition

ISBN 90-5390-818-8

Belichtung: Alphabeta Druckformdienst, Hamburg
Farbreproduktion: Colourscan, Singapur
Druck und Einband: Milanostampa, SpA, Farigliano

Titelseite: **Mutter und Tochter beobachten Glühwürmchen. In Japan sagt man, diese Insekten seien die Seelen der Toten, und wenn ein ganzer Schwarm auftritt, hält man dies für eine Schlachtenszene aus vergangener Zeit. *Glühwürmchen fangen* von Eishosai Choki (um 1795).**

Inhaltsseite: **Ein Waldarbeiter schenkt sich zur Stärkung einen Becher Sake (Reiswein) ein. Elfenbeinschnitzerei, spätes 19. Jahrhundert.**

30 29 28 27 26 25 24 23 22 21 20 19 18 17 16 15 14 13 12 11 10 9 8 7 6 5 4 3 2 1

Besuchen Sie uns im Internet: www.timelife.de

Inhalt

EINE WELT FÜR SICH

Herr Matsui ist ein Japaner wie Millionen andere. Er ist Angestellter in einem großen Elektronikkonzern und arbeitet Tag für Tag viele Stunden in seinem Büro, ehe er sich in den Strom der Pendler einreiht, um zu seiner Familie in einen Vorort von Tokio heimzufahren. In den meisten Dingen gleicht sein Leben dem anderer Büroangestellter in Berlin oder Boston, São Paulo oder Sydney.

Und doch gibt es einen Unterschied. Als konservativer Mensch verbringt Herr Matsui täglich ein paar Minuten vor einem kleinen Altar auf dem Dach des Gebäudes, in dem er arbeitet. Der Schrein ist Inari geweiht, der einst ein Reisgott war, heute aber als Schutzpatron des Wohlstands verehrt wird. Und hin und wieder packt Herr Matsui Frau und Kinder in den Familien-Toyota und fährt die 500 Kilometer nach Ise, um am Großen Schrein der Sonnengöttin Amaterasu zu beten, die gemäß shintoistischer Überlieferung ihren Enkel als ersten Herrscher Japans auf die Erde sandte.

Das Festhalten an den Shinto-Traditionen in einem Land des Fortschritts und der Technikgläubigkeit ist ein erstaunliches Phänomen; das ist fast so, als verehrten die Griechen heute noch Zeus oder die Schweden Odin. Zum Teil hat die Langlebigkeit des Shintoismus politische Ursachen, denn die Herrscher des Landes nutzten die Religion stets, um die eigene Autorität zu stärken. Hinzu kommt aber auch die besondere Art und Weise, in welcher der Shintoismus mit Japan selbst verwoben ist, mit seinen Traditionen und seinen Landschaften.

Denn der Kult – Shinto heißt wörtlich „Weg der Götter" – hat seine Wurzeln in der Verehrung der Natur. Seine ersten Gottheiten waren Geisterwesen, die in Bergen und Wasserfällen, Meeresklippen oder Hainen wohnten. Im Laufe der Zeit versuchten die Menschen, Ordnung in diese formlose Glaubenswelt zu bringen. Sie schufen eine Götter-Dynastie, die Parallelen zur Herrscher-Dynastie aufwies und die beiden sogar verband, indem sie einen Abkömmling der Götterfamilie zum Urahn des Kaiserhauses machten.

Selbst heute, da die Kaiser keinen Anspruch mehr auf ihre göttliche Abstammung erheben, halten die Japaner ihrem Pantheon die Treue. Die Götter leben fort, weil die Mythen, die sich um sie ranken, von Gestalten bevölkert sind, die ebenso leidenschaftlich streiten und sich wieder versöhnen wie die griechischen Olympier. Aber auch ihr enger Bezug zum Inselreich verbindet sie unauflösbar mit den ältesten Traditionen der Nation. Und deshalb wäre Japan für Herrn Matsui und viele seiner Landsleute ohne die Mythen ein anderes, ärmeres Land.

Oben: **Ein buddhistischer Reliquienschrein, *sharito* genannt, in Form einer Bronze-Pagode. Aus dem 17. Jahrhundert.**

Gegenüber: **Eines der bekanntesten Motive Japans ist das „Große Torii" von Akino Miyajima, das sich aus dem Meer erhebt. Das Photo ist aus einem Fenster des Itsukushima-Schreins auf der Insel Miyajima heraus aufgenommen. Der Schrein ist den drei göttlichen Töchtern des Sturmgottes Susano geweiht.**

Das japanische Volk

Die geographisch isolierte Lage hat Japan stets geprägt. Die Meerenge zwischen dem Inselreich und dem Festland ist an ihrer schmalsten Stelle, die sich zwischen Japan und Korea befindet, immerhin 190 Kilometer breit, und die Entfernung bis zur Küste Chinas beträgt 725 Kilometer.

Das Meer zerstückelte aber auch Japan selbst in vier große und Tausende kleiner Inseln. Die Hauptinseln – Kyushu im Süden und Hokkaido im Norden, mit Honshu und Shikoku dazwischen – sind ihrerseits durch Gebirgszüge unterteilt, die nahezu 80 Prozent des Terrains einnehmen. In diesem zerklüfteten Land siedelten die Menschen schon immer zusammengedrängt in einigen wenigen fruchtbaren Flußtälern und Schwemmebenen, die vor allem im Südosten von Honshu – um Tokio, Kyoto und Nagoya – zu finden sind. Selbst heute lebt in dieser Region fast die Hälfte der japanischen Bevölkerung.

Japan war zudem von Anfang an ein Spielball der Naturgewalten. Unter dem Inselreich verlaufen die Grenzen von drei der großen tektonischen Platten, aus denen sich die Erdkruste zusammensetzt. Da sich ihre Ränder aneinander reiben, kommt es immer wieder zu schweren Erdbeben. Japan ist mit mehr als 1000 spürbaren Erdstößen pro Jahr eines der erdbebenreichsten Gebiete der Erde und besitzt ein Zehntel aller aktiven Vulkane. Eruptionen unter dem Meer lösen gewaltige Flutwellen aus, die berüchtigten *tsunami,* während im Spätsommer und Herbst die dichtbesiedelten Küstenregionen Honshus häufig von Taifunen heimgesucht werden. Kein Wunder also, daß sich die Bewohner eines solchen Landes die Götter als jähzornige, launische Wesen vorstellten.

Andererseits bot die Schönheit der Natur des Inselreiches immer schon eine Entschädigung für ihre Gefahren. Die malerische Landschaft nebelverhangener Gipfel und reißender Wildbäche inspirierte Generationen von Malern und Dichtern. Und obwohl nur 16 Prozent der Gesamtfläche Japans als Ackerland nutzbar sind, sorgen ein mildes Klima und ausgiebige Regenfälle für reiche Ernten, insbesondere beim Reisanbau, so daß die Inseln mehr oder weniger Selbstversorger sind.

Ein Vorratsgefäß mit dem typischen Schnurmuster der Jomon-Kultur, etwa 3000–2000 v. Chr.

Die Ureinwohner

Die Ursprünge der japanischen Besiedlung verlieren sich im Nebel der Vergangenheit. Bis zum Ende der letzten Eiszeit waren die Inseln mit Korea und Sibirien durch Landbrücken verbunden, die aus dem Japanischen Meer einen gigantischen Binnensee machten. Es ist gut denkbar, daß bereits vor etwa 30 000 Jahren die ersten Siedler zu Fuß vom Kontinent herüberkamen.

Die ältesten archäologischen Funde sind Gerätschaften aus grob bearbeitetem Stein, die sich in die Zeit um 11 000 v. Chr. einordnen lassen. Dann, um 8000 v. Chr., entstand eine ungemein kreative Kultur, die Jomon-Kultur, so bezeichnet nach den Tongefäßen, die mit Schnur- und Rebenmustern verziert sind (*jomon* bedeutet „mit Schnüren geschmückt"). Die ausdrucksvolle Keramik gilt als das Schönste, was je eine Steinzeit-Kultur hervorgebracht hat. Ihre Schöpfer führten ein entbehrungsreiches Leben als Jäger, Fischer und Sammler von Nüssen, Beeren und Wildpflanzen. Andere Gruppen, die etwa um dieselbe Zeit ins Land kamen, waren die Ainu, auch

Ezo oder Yemeshi genannt, ein kaukasoider Volksstamm, dessen Nachfahren heute noch auf Hokkaido leben *(Kasten Seite 11)*. Manche Anthropologen nehmen sogar an, daß die Ainu Abkömmlinge der Jomon-Kultur sind. Die Relikte aus jener Epoche lassen kaum Schlüsse auf die Herkunft jener frühen Volksgruppen zu. Bessere Hinweise finden sich in den religiösen Kulten der Urbewohner, die schamanistische Einflüsse aus Sibirien verraten.

Der Reisanbau könnte mit einer austronesischen Volksgruppe, den Yayoi, auf die Inseln gelangt sein, deren Kultur auf indonesische oder gar polynesische Ursprünge hinzuweisen scheint. Es ist aber auch möglich, daß die Yayoi aus der Region des heutigen Vietnam kamen und entfernte Verwandte der Khmer waren. Sie ließen sich zuerst in dem Teil von Kyushu nieder, der sich gegenüber von Korea befindet. Zu den Errungenschaften, die sie mitbrachten, gehörte der Naßreis-Anbau, der in China zu jener Zeit mindestens zweieinhalb Jahrtausende alt war. Daneben kannten sie Spinn- und Webtechniken und sogar die Metallverarbeitung. Da sie Eisen und Bronze gleichzeitig einführten, gab es in Japan keine eigene Bronzezeit.

Im Lauf der Zeit drangen die Yayoi – deren Name auf einen Fundort ihrer Keramik zurückgeht – über Kyushu nach Honshu vor und erreichten Anfang des 1. Jahrhunderts n. Chr. die Gegend von Tokio. In Japan vollzog sich während der Yayoi-Periode ein großer Wandel: Aus einem Nomadenvolk, das sich durch Wildbeuterei und Wanderfeldbau ernährt hatte, wurden seßhafte Ackerbauern, aufgrund der stark gegliederten Landesnatur in zahlreiche rivalisierende Sippen aufgesplittert, deren Oberhäupter im Laufe der Zeit immer mehr Macht gewannen.

In diesen frühen Jahrhunderten knüpften einige der Gruppen politische und wirtschaftliche Beziehungen zum Festland. Zu einer Zeit, aus der es in Japan selbst noch keine Schriftzeugnisse gibt, hielten chinesische Gesandte ihre Eindrücke von dem Land in Berichten fest, die ein Licht auf die Verhältnisse um die Mitte des 3. Jahrhunderts werfen. Sie erwähnen dreißig kleinere Reiche, alle wohlgeordnet und mit Märkten für einen regen Tauschhandel ausgestattet, und schildern eine Gesellschaft mit hierarchischer Struktur, in der die herrschende Schicht Steuern erhob. Die Männer werden als gesetzestreu, doch trinkfreudig beschrieben, die Ehefrauen als treu und unterwürfig.

Obwohl jeder dieser Staaten seinen Herrscher hatte, erkannten alle die Oberhoheit einer Yayoi-Königin namens Pimiko an – eine archaische Form des Wortes *himeko* oder „Prinzessin". Diese Frau lebte unverheiratet und abgeschieden in einem schwer bewachten Palast und diente dort den Göttern, die ihr

Der japanische Archipel umfaßt vier große und mehr als 1000 kleinere Inseln. Seine Nähe zu Korea prägte lange Zeit die kulturelle Entwicklung des Inselreiches.

dafür die Macht verliehen, Menschen zu verzaubern und in die Zukunft zu schauen. Ein männlicher Stellvertreter vermittelte der Außenwelt ihre Befehle. Als sie starb, wurde sie unter einem großen Hügel bestattet, und mehr als hundert Diener „folgten ihr ins Grab" – was auf Menschenopfer-Praktiken hindeutet.

Die Zeit ab 300 n. Chr. wird wegen ihrer Großgräber als Kofun- oder Grabhügel-Periode bezeichnet. Manche dieser Anlagen, die meist eine Schlüsselloch-Form aufwiesen, hatten gewaltige Ausmaße. Das größte dieser Gräber, das dem – im übrigen unbekannten – Kaiser Nintoku zugeschrieben wird, bedeckt eine Fläche von 39 Hektar und ist von drei Wassergräben umschlossen.

Die Berichte über Pimiko enthalten eine Reihe von Hinweisen auf die religiösen Kulte der frühen Japaner. Spätere Quellen erwähnen ebenfalls eine mächtige Frau: Königin Jingo *(Seite 87)*, die Kontakt zu den Göttern aufnahm und als deren Mittlerin Ratschläge und Warnungen erteilte; unter anderem sollen sie ihr empfohlen haben, in Korea einzufallen. Dann gibt es noch die als *miko* bezeichneten Tonfigürchen, die in den Grabhügeln aus dem 5. Jahrhundert gefunden wurden; sie stellen Frauen mit merkwürdig abgeflachten Kopfbedeckungen dar, die möglicherweise Prophetinnen waren. Heute wird der Begriff *miko* für die Jungfrauen der Shinto-Schreine verwendet.

Gab es einen Kult mächtiger Priesterinnen, die als eine Art Sprachrohr der Götter dienten? Wenn ja, dann war er zu Beginn des historischen Japans bereits völlig verschwunden. Und doch scheinen sich Spuren erhalten zu haben. Amaterasu, die höchste Göttin des Shinto-Pantheons, ist eine Frau. Und noch heute gibt es in ländlichen Gegenden Japans umherziehende Wahrsagerinnen, deren Worte großes Gewicht haben; vielleicht sind sie die bescheidenen Nachfolgerinnen der Priesterköniginnen von einst.

Fest steht, daß sich alle späteren japanischen Kulte aus dem Schamanismus entwickelten – dem Glauben, daß sich bestimmte Menschen in Trance versetzen und in diesem Zustand in die Welt der Geister reisen konnten. Die Wesen, mit denen sie dort Kontakt aufnahmen, *kami* genannt, waren vergöttlichte Naturkräfte, die Berge, Flüsse, seltsam geformte Felsen aber auch verstorbene Helden sein konnten. Die *kami* galten nicht als gut oder böse, sondern einfach als mächtig; man mußte sie gnädig stimmen, damit sie den Menschen, die mit ihnen zu tun hatten, Wohlwollen entgegenbrachten.

Doch die Menschen, die Zugang zur Welt der Geister fanden, waren nicht immer Frauen. In den chinesischen Chroniken wird auch von Wahrsagern berichtet, die Knochen verbrannten, um daraus die Zukunft zu deuten. Außerdem erwähnen sie einen „Hüter der Trauer", der im Namen des Stammes ein Leben in asketischer Selbstverleugnung führen mußte. „Es ist ihm untersagt, sich zu kämmen, sich zu waschen, Fleisch zu essen oder eine Frau zu berühren", berichtete ein chinesischer Gesandter. „Solange die Leute vom Glück begünstigt sind, wird er mit wert-

Der im 5. Jahrhundert n. Chr. errichtete Grabhügel von Kaiser Nintoku in der Ebene von Osaka bedeckt 39 Hektar Land, eine Fläche, auf der drei Dutzend Fußballfelder Platz finden würden. Die Grabhügel waren vermutlich das kulturelle Erbe von Reiternomaden, die ursprünglich aus Zentralasien stammten.

Das Sterben einer alten Kultur

Die Ainu sind die letzten Überlebenden der Urbevölkerung Japans. Im Laufe der Zeit wurden sie immer weiter nach Norden gedrängt, und heute leben nur noch wenige tausend von ihnen auf Hokkaido.

Zwei Ainu vor einem Bärenaltar. Nach ihrem Glauben bringt der Geist eines Opferbären Botschaften zu den Ahnen.

Niemand weiß genau, woher die Ainu kamen, wenngleich man sie meist den kaukasoiden Völkern Sibiriens zurechnet. Ebensowenig ist bekannt, wann sie das Inselreich besiedelten; archäologische Funde lassen darauf schließen, daß sie bereits vor 5000 Jahren in Japan ansässig waren. Die einst als Jäger, Fischer und Fallensteller lebenden Ainu unterschieden sich äußerlich schon immer stark von den Japanern: Sie hatten in der Regel runde Augen, braunes Haar und einen üppigen Bartwuchs. Zu den wichtigsten Ritualen ihrer schamanischen Religion gehörte das Bärenopfer.

Etwa vom 7. Jahrhundert n. Chr. an häuften sich die Konflikte mit den Japanern. Zunächst leisteten die Ainu erfolgreich Widerstand, aber gegen Ende des 8. Jahrhunderts wurden sie nach einer Reihe von blutigen Kämpfen auf Dauer besiegt. Danach verdrängten die Japaner die Ureinwohner immer weiter nach Norden, bis sie eine endgültige Bleibe auf Hokkaido fanden. Dort konnten sie lange Zeit ihre traditionelle Lebensweise beibehalten, ehe die japanische Regierung im 19. Jahrhundert verstärkt ihre Eingliederung betrieb.

Nun mußten die Ainu japanische Namen annehmen, Japanisch lernen und wurden dazu ermutigt, sich als Bauern seßhaft zu machen. Die Folge war eine zunehmende Vermischung mit den Japanern, und heute gibt es kaum noch reinblütige Ainu. Obwohl in jüngster Zeit viel für die Erhaltung dieser alten Kultur getan wird, beherrschen nur noch wenige Ainu die Sprache ihrer Vorfahren.

vollen Geschenken bedacht; aber wenn Krankheit oder ein Schicksalsschlag sie trifft, machen sie den ‚Hüter der Trauer' dafür verantwortlich und beschuldigen ihn, seinen Pflichten nicht nachgekommen zu sein, und gemeinsam schicken sie ihn in den Tod."

Obwohl Gestalten wie die Priesterköniginnen verschwunden waren, noch ehe es die ersten japanischen Schriftzeugnisse gab, haben sich Spuren der alten Kulte bis in die Gegenwart erhalten. Immer noch versuchen Asketen, spirituelle Macht zu erlangen, indem sie auf Fleisch verzichten, in eiskaltes Wasser tauchen und unentwegt heilige Texte rezitieren. Allerdings stammen diese Texte heute meist aus buddhistischen Schriften, und das gesamte religiöse Brauchtum ist von den Lehren des Buddhismus geprägt.

Das Shinto-Pantheon

Die wichtigsten Mythen der alten Kulte fanden Eingang in das Shinto, den „Weg der Götter". Diese fest in Japan verwurzelte Religion vereinigte in ihrer ur-

Die Einführung der Schrift

Die Japaner übernahmen die Kunst des Schreibens von China, und mit chinesischen Schriftzeichen gaben sie ihre Muttersprache wieder.

Als im Jahre 391 n. Chr. japanische Truppen einen Herrscher in Korea unterstützten, schickte dieser zum Zeichen seiner Dankbarkeit eine Delegation mit Geschenken über das Japanische Meer. Unter den Gaben befand sich auch ein chinesisches Lehrbuch der Schriftzeichen, das am japanischen Hof großes Interesse weckte. Deshalb bat der Kaiser die Koreaner um Entsendung eines Gelehrten, der einen der kaiserlichen Prinzen darin unterrichten sollte, Chinesisch zu lesen und zu schreiben.

Der Schreiber Wani kam im Jahre 405 an. Die Verschmelzung der beiden Sprachen erwies sich als nicht einfach, da sie keinerlei Gemeinsamkeiten aufwiesen. Die Wurzeln des Japanischen sind unbekannt: Während der Gebrauch von langen, vielschichtigen Sätzen auf eine Verbindung zum koreanischen Festland hindeutet, spricht der Wortschatz eher dagegen.

Vierhundert Jahre sollten vergehen, ehe die Japaner eine Methode fanden, die chinesische Schrift ihren Bedürfnissen anzupassen. Dann, im 9. Jahrhundert, führten sie das *kana*-System ein, bei dem die komplexen chinesischen Ideogramme vereinfacht und als phonetische Symbole für jeweils eine Silbe verwendet wurden.

Von da an hielt das Lesen und Schreiben bei Hofe, in den Klöstern und in der Kriegerkaste der Samurai Einzug. Dennoch kam es selbst im Mittelalter noch hin und wieder vor, daß sich Gelehrte bei ihren Lesern entschuldigten, wenn sie Japanisch anstatt Chinesisch schrieben, weil sie fürchteten, die Schrift sei schwer verständlich.

Die japanische Schrift erfuhr im Laufe der Geschichte viele Veränderungen. Dieser Holzschnitt von Utagawa Kunisada aus dem frühen 19. Jahrhundert stellt eine Kalligraphie-Gesellschaft im Teehaus von Manpachiro dar.

sprünglichen Form nichts weiter als die Verehrung der *kami*. Sie kannte weder einen Glaubensstifter noch heilige Schriften, stellte keine moralischen Gebote auf und verzichtete auf jedes Dogma. In shintoistischen Texten war die Rede von „800 Myriaden" oder „Millionen" Göttern, eine Umschreibung für eine grenzenlose Zahl, denn es gab mehr *kami*, als man je zählen konnte. Man errichtete Schreine als Heimstatt für einzelne Gottheiten und suchte diese durch Opfergaben und Gebete gnädig zu stimmen.

Mit der Zeit nahm der Shintoismus eine deutlichere Struktur an und begann, die Vorherrschaft einer bestimmten Götterfamilie zu betonen, eine Entwicklung, die allem Anschein nach von politischen Kräften gesteuert wurde. Einer der zahlreichen Sippen oder *uji*, die um mehr Einfluß auf den Inseln kämpften, war es nämlich gelungen, die Kontrolle über die fruchtbare Yamato-Ebene auf Honshu und damit eine Vormachtstellung in Japan zu erringen. Die zunächst auf Kyushu ansässige Sippe hatte aus ihrer Heimat den Kult der Sonnengöttin Amaterasu mitgebracht, in deren Namen der Stammesfürst regierte, anfangs als Hoherpriester und später als Kaiser. Es ist erstaunlich, daß die vor so langer Zeit gegründete Dynastie bis zum heutigen Tag über Japan herrscht.

Nach und nach brachten die Yamato-Kaiser ein System in den Shintoismus, das ihre eigene Machtposition stärken sollte. Amaterasu erhielt einen Platz an der Spitze der Götterhierarchie, und ihr Schrein bei Ise auf der Halbinsel Shima entwickelte sich zum bedeutendsten Heiligtum in ganz Japan. Die Kaiserfamilie leitete ihre Abstammung direkt von der Göttin ab – über einen mythischen ersten Kaiser namens Jimmu Tenno („Göttlicher Krieger"), der den Thron der Überlieferung nach im Jahr 660 v. Chr. bestieg, nachdem er seine Sippe von Kyushu in ihre neue Heimat in der Yamato-Ebene geführt hatte.

Diese Verbindung sollte sich in den darauffolgenden Jahrhunderten als sehr nützlich erweisen. Auf der einen Seite leitete die kaiserliche Familie aus der göttlichen Erbfolgelinie ihren Anspruch auf Alleinherrschaft ab, auf der anderen stärkte sie den Shintoismus, als sich andere Glaubensrichtungen auszubreiten begannen, und machte die Einhaltung seiner Riten zur patriotischen Pflicht für alle Japaner. Besiegelt wurde

Das beliebteste Wallfahrtsziel Japans ist Ise Jingu. Hier wird in einem äußeren Schrein die Reisgottheit und in einem inneren die Sonnengöttin verehrt. Der Kaiser stattet dem Heiligtum jedes Jahr einen Besuch ab. Der hier abgebildete Holzschnitt mit Pilgern stammt aus dem 18. Jahrhundert.

der Bund zwischen Götter- und Kaisergeschlecht durch drei Herrschersymbole: einen Bronzespiegel, ein Schwert sowie durch Magatama, die Perlenkette von Amaterasu. Die Göttin soll diese Dinge der Überlieferung nach ihrem Enkel geschenkt haben, als sie ihn auf die Erde sandte, um die Herrschaft über Japan anzutreten. Diese Gegenstände bzw. ihre Nachbildungen sind bis heute die Kroninsignien des Kaisers.

Die Gesellschaftsordnung

Die japanische Gesellschaft war offenbar bereits gegen Ende der prähistorischen Zeit streng hierarchisch gegliedert. Die große Masse der Bevölkerung lebte in kleinen Dörfern aus strohgedeckten Holz- oder Bambushütten, die zum Schutz gegen die Feuchtigkeit auf Pfählen errichtet waren. Die Menschen liefen barfuß und arbeiteten von früh bis spät auf den Feldern. Ihre Grundnahrung bestand aus Reis, wenngleich auch andere Getreidesorten angebaut wurden. Die wichtigste Eiweißquelle bildete Fisch.

Über den Bauernstand herrschte der landbesitzende Schwertadel, dem Ehrfurcht entgegengebracht werden mußte. Wenn ein Niedriggestellter einem Mann von Rang auf der Straße begegnete, mußte er ausweichen und niederkauern oder sich zum Zeichen der Ehrerbietung auf allen vieren in den Staub werfen. Die Historiker sind bis heute unschlüssig, ob sich diese neue Oberschicht im Lande selbst herausgebildet hatte oder ob Reiterstämme vom Festland auf die Inseln vorgedrungen waren, möglicherweise aus dem altaischen Sprachraum in Zentralasien. Jedenfalls handelte es sich um Krieger, die ähnlich wie die Ritter im mittelalterlichen Europa auf prächtig herausgeputzten Rossen in die Schlacht zogen. Zu ihren bevorzugten Waffen gehörten Langbogen und Eisenschwerter. Das waren die Männer, die in den Schlüssellochgräbern die letzte Ruhe fanden und aus denen schließlich die Samurai-Schicht hervorgehen sollte.

Mit der Zentralisierung des Staatswesens in Japan wuchsen die militärischen und politischen Ambitionen der Nation. Man entsandte mehrfach Heere nach Korea, und vieles deutet darauf hin, daß im 6. Jahrhundert eine japanische Streitmacht zeitweilig eines der drei Königreiche auf der koreanischen Halbinsel beherrschte.

Dennoch sollte Koreas größter Beitrag zur Entwicklung Japans friedlicher Natur sein, denn das Land vermittelte den Inselbewohnern die ersten Kontakte zur chinesischen Kultur. Bereits 391 n. Chr. sandte der König von Paekche – einem der drei koreanischen Reiche – seinen japanischen Verbündeten als Dank für ihre Hilfe in einem regiona-

Die robuste und gleichzeitig Bewegungsfreiheit gewährende Rüstung aus der Edo-Zeit wurde 1844–47 gefertigt. Den Brustharnisch ergänzen ein geteilter Schurz *(kusazuri)*, gepanzerte Ärmel *(kote)* und der Sternhelm *(hoshi kabuto)* mit Nackenschutz.

Die Chroniken

Die Hauptquellen, aus denen die japanische Mythologie ihre Themen bezieht, sind zwei Chroniken mit den Titeln „Kojiki" und „Nihongi" bzw. „Nihonshoki", die auf Befehl des kaiserlichen Hofes in den ersten beiden Jahrzehnten des 8. Jahrhunderts verfaßt wurden.

Das *Kojiki* („Bericht über alte Begebenheiten") wurde 712 n. Chr. im Auftrag der Kaiserin Gemmei von einem Gelehrten namens Ono Yasumaro zusammengestellt. Yasumaro benutzte als Grundlage für seine Chronik die Texte eines gewissen Hiyeda no Are, vermutlich ein berufsmäßiger Erzähler, der zu besonderen Gelegenheiten bei Hofe Sagen und große Ereignisse aus der Geschichte Japans vortrug. Das in einer seltsamen Mischung aus Chinesisch und Japanisch geschriebene *Kojiki* beginnt in der fernen mythischen Vergangenheit mit der Erschaffung der Welt und endet mit dem Tod des Kaisers Suiko im Jahre 641 n. Chr. – nahezu in der Gegenwart des Verfassers.

Das nur acht Jahre später – 720 n. Chr. – vollendete *Nihongi* oder *Nihonshoki* („Japanische Annalen") stammt aus der Feder von vier verschiedenen Gelehrten; es ist in klassischem Chinesisch geschrieben und stark von chinesischen und koreanischen Traditionen beeinflußt. Die als nationales Geschichtswerk gedachte Chronik stellt in Wahrheit eine poetische Sammlung von Mythen, Legenden und Fakten von der Frühzeit Japans bis zum Ende des 7. Jahrhunderts dar. Neben anderen Neuerungen enthielt die Schrift erstmals den Begriff Shinto – „Weg der Götter" –, um die religiösen Traditionen des Landes zu beschreiben.

Beide ursprünglich von derselben Kaiserin in Auftrag gegebenen Werke verfolgten einen ganz bestimmten politischen Zweck: Sie sollten die Mythen des Inselreichs so darstellen, daß sie den göttlichen Status der Kaiserfamilie belegten. In den nachfolgenden Jahrhunderten erlangten die Chroniken unschätzbare Bedeutung, denn sie trugen nicht nur dazu bei, die Stellung des Kaisers im Herzen der japanischen Gesellschaft fest zu verwurzeln, sondern bewahrten darüberhinaus die alten Mythen und Legenden für die Nachwelt.

len Krieg neben anderen Geschenken Bücher aus China. Mit ihnen kamen Gelehrte, die sie interpretieren konnten und auf diese Weise das Schrifttum in Japan einführten *(Kasten Seite 12)*. Obwohl in den darauffolgenden Jahrhunderten nur eine Minderheit des Adels lesen und schreiben lernte, reichte das aus, um das Gedankengut von Philosophen wie Konfuzius und Laotse auf den Inseln bekanntzumachen.

Wenngleich der Konfuzianismus auf lange Sicht einen stärkeren Einfluß ausüben sollte, hatten die taoistischen Lehren weit mehr Ähnlichkeit mit der Gedankenwelt der Japaner. Das galt vor allem für die Wahrsagepraktiken, die sich nahtlos in die Divinationstraditionen der Einheimischen einfügten. Im Laufe der Zeit sollte sich das Amt für die Zukunftsvorhersage zu einer einflußreichen Institution am japanischen Kaiserhof entwickeln, die sämtliche politischen Schritte in bezug auf Yin und Yang, die beiden einander ergänzenden Prinzipien der chinesischen Philosophie, untersuchte und nur die Unternehmen genehmigte, bei denen ein ausreichendes Gleichgewicht zwischen den beiden Kräften herrschte. Auch die Kunst der als Feng-shui bezeichneten taoistischen Geomantie wurde in alle Überlegungen einbezogen. Als man später eine neue Hauptstadt bei Nara in der Yamato-Ebene errichtete, ging man erst nach langen Beratungen mit Feng-shui-Meistern ans Werk und nahm sich den Lageplan von Chang'an zum Vorbild, der Hauptstadt der chinesischen Tang-Dynastie.

Das Vordringen des Buddhismus

Die fremden Ideen mußten bei einem Teil des Kriegeradels Widerstand auslösen, denn als herrschende Klasse war er an der Erhaltung des Status quo interessiert. Aber das neue Gedankengut aus China hatte auch starke Befürworter, allen voran die Soga-Sippe, die durch geschickte Einheirat in die kaiserliche Familie eine bedeutende Stellung bei Hofe errungen hatte. Um diese Position zu festigen und den Einfluß der rivalisierenden Sippen abzuschwächen, deren Macht ebenfalls auf der Autorität der alten Sippen-Gottheiten beruhte, wagten die Soga den radikalen Schritt und wandten sich dem Buddhismus zu – der Religion, die dem japanischen Hof im Jahre 552 offiziell von Korea empfohlen worden war.

Zen und Tee – die vollkommene Meditation

Unter dem Einfluß des Zen-Buddhismus entwickelte sich das Teetrinken zu einem „chanoyu" genannten meditativen Ritual, das den Geist befreien und die Sinne schärfen sollte.

Der Tee kam ebenso wie der Zen ursprünglich aus China. Dort erfreute sich das Getränk vor allem in Klöstern großer Beliebtheit, weil es als gesundheitsfördernd galt und die Ermüdung während der Meditation vertrieb. In Japan verbreitete sich das Teetrinken in Adelskreisen, wo man sich die Zeit mit dem Verkosten und Vergleichen der unterschiedlichen Teesorten vertrieb. Später verbanden japanische Zen-Mönche wie Juko (1422–1502), der ein großer Kenner der chinesischen Kunst war, den Genuß von Tee mit Meditation und Ästhetik.

Nach und nach entwickelte sich die Teezeremonie – auch *chanoyu* oder „heißes Wasser für Tee" genannt – zu einer Übung in ästhetischer Kontemplation, für die der Genuß des bitteren, schaumig geschlagenen Gebräus aus unfermentierten grünen Teeblättern nur noch eine untergeordnete Rolle spielte. Mit Bedacht und Ruhe bewunderten die Teilnehmer die betont schlichten Gerätschaften, die für seine Zubereitung verwendet wurden, und stellten Betrachtungen über Kunstgegenstände an, die der Gastgeber auf dem Tisch eines schmucklosen, eigens für die Zeremonie errichteten Gartenhauses ausbreitete. Mit der Zeit unterlag jeder Handgriff einem strengen Regelwerk, und die Atmosphäre war von einer beinahe religiösen Feierlichkeit durchdrungen.

Doch selbst vor dieser abgeschirmten Welt machte die Gewalt nicht halt. Oda Nobunaga, der Shogun, der die Wiedervereinigung des Reiches in die Wege leitete, geriet in einen Hinterhalt, als er an einer Teezeremonie im Honnoji-Tempel von Kyoto teilnahm, und beging *seppuku* – rituellen Selbstmord – um der Gefangennahme zu entgehen. Und Senno Rikyu (1522–91), der größte aller Teemeister, soll von Nobunagas Nachfolger Hideyoshi zum Selbstmord gezwungen worden sein, weil er sich geweigert hatte, dem Shogun seine Tochter zur Verfügung zu stellen.

Das Teehaus oder *chashitsu* war die Verkörperung von innerer Harmonie, die durch Einfachheit, Gleichheit und Intimität erreicht wurde. Holzschnitt von Toshikata (um 1900).

Zunächst gelang es dem Buddhismus nicht, in Japan Fuß zu fassen. Als eine Seuche das Land heimsuchte, schrieben die konservativen Kräfte am Kaiserhof das Unglück dem Zorn der Shinto-Götter zu. Der Kaiser verbot den fremden Glauben, und eine kostbare Buddhastatue aus Korea wurde zerschlagen und in einen Kanal geworfen.

Aber die Soga gaben nicht auf. Zwanzig Jahre später rangen sie dem Kaiser erneut die Genehmigung ab, buddhistische Andachten abzuhalten. Ein ehemaliger Mönch aus Korea wurde dazu überredet, in den geistlichen Stand zurückzukehren. Er berief drei junge Mädchen zu Tempeldienerinnen, und aus diesen bescheidenen Anfängen begann der Aufstieg des Buddhismus in Japan. Je mehr er sich ausbreitete, desto mehr verhärteten sich die Fronten. Schließlich mündete die Rivalität zwischen den Sippen in einen Bürgerkrieg, in dem die Soga einen großen Sieg davontrugen. Die Zukunft des Buddhismus war gesichert.

Das gleiche galt für den Einfluß Chinas. Im Jahr 592 hatte das siegreiche Oberhaupt der Soga-Sippe seine Nichte zur Kaiserin ernannt. Die Macht lag allerdings bei Prinz Shotoku Taishi, ebenfalls einem Verwandten, der zum Regenten und Thronerben bestimmt worden war. In den drei Jahrzehnten seiner Herrschaft setzte Shotoku eine Reihe von Reformen durch, die sich am Vorbild Chinas orientierten. Im Jahre 607 schickte er eine Delegation an den Hof des Sui-Kaisers und gab damit ein Beispiel, das in den folgenden dreihundert Jahren noch oft nachgeahmt werden sollte. So gelangten viele der begabtesten jungen Männer Japans auf das Festland, um sich mit den Errungenschaften der chinesischen Kultur vertraut zu machen und sich so auf ihre Aufgaben bei Hofe vorzubereiten.

Im folgenden Jahrhundert konkretisierte sich der chinesische Einfluß in den Taika genannten Reformen („Großer Wandel"), die eine Gesellschaft nach dem Muster Chinas anstrebten und 646 verkündet wurden.

Sie führten zu einem zentralisierten Regierungssystem nach den Richtlinien des Konfuzianismus, das dem Kaiser theoretisch die Verfügungsgewalt über sämtliche Ländereien gab. Um die Verwaltung effizient gestalten zu können, nahm man eine Volkszählung und die Vermessung aller Anbauflächen vor und erließ eine Reihe von neuen Steuern.

Die Reformen gipfelten in der Einrichtung einer festen Hauptstadt bei Nara im Jahre 710 – bis dahin war die Residenz nach dem Tod eines Herrschers stets verlegt worden – und der Abfassung zweier vom Kaiserhaus in Auftrag gegebenen Chroniken, dem *Kojiki* (712 n. Chr.) und dem *Nihongi* oder *Nihonshoki* (720 n. Chr.), in denen die japanische Geschichte und Mythologie so dargestellt werden, daß sie den göttlichen Status und damit den Herrschaftsanspruch der Kaiserdynastie belegen *(Kasten Seite 15)*.

Die Nara-Periode markierte den Höhepunkt des Festland-Einflusses in Japan. In einem Verwaltungsapparat nach dem Modell Chinas führten Regierungsbeamte ihre Bücher in chinesischer Schrift, und elegante, nach Art der Mandarine gekleidete Höflinge vertrieben sich in Palästen chinesischer Bauart die Zeit mit chinesischer Kunst und Literatur. Selbst der Name Japan, unter dem das Inselreich in der westlichen Welt bekannt ist, kommt letztlich – aufgrund des gemeinsamen Schriftzeichens – vom chinesischen *jihpen* und nicht vom japanischen *nippon,* obwohl beides „Land der aufgehenden Sonne“ bedeutet.

In der Religion zeigte sich der Einfluß Chinas in der Ausbreitung des Buddhismus in Japan. Priester und Mönche kamen vom Festland herüber, während viele Japaner nach China gingen, um dort bei buddhistischen Meistern zu studieren, ehe sie die Lehre in der Heimat verkündeten. Einer der Gründe für den Erfolg des Buddhismus lag wohl im Abscheu des Shintoismus vor jeglichem Kontakt mit dem Tod – so mußte, wer mit Krankheit und Tod in Berührung gekommen war, den Schreinen fernbleiben, weil er als unrein galt. Viele wandten sich der Lehre zu, denn sie erlaubte die Pflege der Kranken und die Bestattung der Toten nicht nur, sondern forderte sie sogar.

Doch schon bald gelangten die beiden Religionen zu einer gegenseitigen Akzeptanz, die über die nächsten tausend Jahre hinweg Bestand haben sollte. Die Shinto-Priesterschaft beschloß nach der militärischen Niederlage ihrer Anhänger gegen die Soga-Sippe, sich mit dem neuen Glauben zu arrangieren, anstatt ihn zu bekämpfen. Das japanische Volk folgte ihrem Beispiel, und für die beiden Religionen begann eine friedliche Koexistenz, die bis heute andauert.

Wie groß diese Toleranz war, zeigte sich im Jahr 735, als Kaiser Shomu das Volk aufrief, einen Beitrag zum Guß einer monumentalen Buddhastatue zu leisten, um eine Pocken-Epidemie abzuwenden, die das Land gerade heimsuchte. Zunächst bestanden Zweifel, ob die Shinto-Anhänger diesen Schritt billigen würden, und so wurde ein Priester zum Ise-Schrein der Amaterasu entsandt, um herauszufinden, ob sie mit dem Werk einverstanden war. Nachdem er sieben Tage und Nächte gebetet hatte, berichtete er, die Göttin habe zu ihm gesprochen und ein chinesisches Gedicht rezitiert, aus dem hervorging, daß ihr der Plan so willkommen sei wie ein Boot zur Flußüberquerung oder eine Fackel in der Nacht. Als die 16 Meter hohe Statue in der Goldenen Halle des Todaji-Klosters in Nara aufgestellt und geweiht wurde, beantragten Shinto-Priester, das Heiligtum ihres eigenen Kriegsgottes Hachiman ebenfalls in den Tempelbezirk zu verlegen, damit er als spiritueller Hüter dienen könne.

Klöster waren eine weitere Neuerung, die Japan dem Buddhismus verdankte, und es zeigte sich bald, daß sie eine tiefe spirituelle Sehnsucht befriedigten. Zu Beginn der Nara-Periode gab es bereits über 500, und ihre Zahl nahm ständig zu. Ähnliches galt für ihre Größe. Im Laufe der Jahre entwickelten sich einige zu

ZEITTAFEL

Japan erhielt seine Impulse viele Jahrhunderte lang von der älteren Kultur Chinas. Mit der Abschwächung des chinesischen Einflusses bildete sich allmählich eine Feudalordnung heraus, deren symbolisches Oberhaupt der Kaiser war, deren wahre Macht jedoch in den Händen von Kriegersippen lag. Fortan kennzeichnete ein widersprüchliches Muster aus verfeinerter Lebensart und brutaler Gewalt das kulturelle Leben Japans.

Die japanische Mythologie besitzt tief in die Vergangenheit zurückreichende Wurzeln. Die geistig-spirituellen Traditionen sind bis heute äußerst lebendig: So gilt der jeweilige Kaiser immer noch als direkter Nachfahre der Sonnengöttin Amaterasu.

28 000 v. Chr.–500 n. Chr.

***um* 28 000 v. Chr.** Vermutlich erste Besiedlung von Korea und Sibirien aus (über Landbrücken).
***um* 10 000 v. Chr.** Paläolitische Gruppen verwenden Steinwerkzeuge (Mikrolithe).
***um* 8000 v. Chr.** Die neolithische Jomon-Kultur verdrängt die paläolithischen Jäger und Sammler. Gleichzeitig lassen sich die Ainu, ein kaukasoides Volk aus Sibirien, in Japan nieder.
***um* 660 v. Chr.** Der mythische erste Kaiser Jimmu Tenno besteigt den Thron, nachdem er der Legende nach seine Sippe in die Yamato-Ebene, Honshu, geführt hat.
***um* 300 v. Chr.** Ankunft der Yayoi, die den Naßreisanbau aus China mitbringen. Parallele Ausbreitung von Bronze und Eisen.
***um* Christi Geburt** Die Yayoi werden seßhafte Bauern; die durch Gebirgsriegel voneinander getrennten Gruppen bilden rivalisierende Sippenverbände mit mächtigen Oberhäuptern.
***um* 50** Errichtung des Ise-Schreins.
***um* 300** Beginn der Kofun- oder Hügelgrab-Periode, in der zahlreiche Großgräber angelegt werden.
***um* 300–400** Machtfestigung der Sippenverbände in der Yamato-Ebene.
391–405 Der japanische Hofadel übernimmt die chinesische Schrift.

Rituelle „doggu"-Tonfigur in Tiermensch-Gestalt. Jomon, 350–250 v. Chr.

500–1200

552–572 Der Sieg der Soga-Sippe, die den Buddhismus fördert, sichert nach einem Bürgerkrieg die Zukunft des Buddhismus in Japan.
607 Mönche und Gelehrte begründen eine Tradition offizieller Gesandtschaften nach China.
646 Die Taika-Reformen („Großer Wandel") führen zur Zentralisierung wie in China.
710 Bei Nara wird die erste ständige Hauptstadt Japans errichtet.
712 Zusammenstellung des *Kojiki.*
720 Vollendung des *Nihongi* oder *Nihonshoki.*
784 Heian (später Kyoto) wird Hauptstadt.
794–1185 Heian-Periode, eine Epoche der verfeinerten Hofkultur, in der Kunst und Literatur eine Blütezeit erleben.
894 Ende der offiziellen Beziehungen zu China, bis zu deren Wiederaufnahme 500 Jahre vergehen sollen.
1156–1185 Die Fujiwara-Sippe verliert ihre Vorherrschaft. Die Taira- und die Minamoto-Sippe führen Kriege um die Nachfolge.
1185 Der siegreiche Minamoto Yoritomo zieht sich nach Kamakura zurück und übt seine Macht unter dem Titel eines Shoguns oder kaiserlichen Generals aus.
1192 Das erste Shogunat. Der Kaiser hält weiterhin Hof in Heian, doch die Regierungsgewalt liegt beim Shogun.

komplexen Anlagen, die nicht selten die Ausdehnung von Kleinstädten erreichten. Gleichzeitig wuchs ihr politischer Einfluß, und in Kürze hatten sie sich eine Machtgrundlage geschaffen, die dem Hof gefährlich werden konnte.

So verwundert es nicht, daß sie den Untergang Naras als kaiserliche Residenz beschleunigten. Nach nur 74 Jahren beschlossen die Herrscher, ihre eigens errichtete Hauptstadt zu verlassen – in erster Linie, um die buddhistische Priesterschaft abzuschütteln, die immer mehr Einfluß auf die weltlichen Angelegenheiten nahm. So hatte ein Mönch und Wunderheiler namens Dokyo – ähnlich wie später in Rußland Rasputin – das Vertrauen einer Kaiserin gewonnen und sie dazu gebracht, ihn zum Kanzler zu ernennen. Fast wäre er sogar auf den Thron gelangt, doch als seine Gönnerin starb, entfernte man Dokyo aus dem Amt und verbannte ihn auf eine Insel. Aber der bedrohliche Schatten der buddhistischen Macht blieb und bewog den Hofadel, eine neue Residenz zu suchen: Fünfzig Kilometer nördlich von Nara errichtete man die Hauptstadt Heian, die später Kyoto heißen sollte.

Die Heian-Periode (794–1185) war eine Ära des wachsenden Selbstbewußtseins, in der sich die Japaner allmählich von China abnabelten und sich auf eigene Füße stellten. Die letzte große Delegation wurde 838 an den Hof der Tang-Herrscher entsandt, zu einer Zeit, da die Dynastie bereits zu wanken begann. Als die Spannungen auf dem Festland zunahmen, verschlechterten sich auch die Kontakte zwischen den beiden Reichen. Im Jahr 894 kam es zu einem offiziellen Bruch, und es sollte fünf Jahrhunderte dauern, bis die Beziehungen wieder aufgenommen wurden.

Mittlerweile brauchte man am japanischen Hof in Sachen Geschmack und Bildung keine Vorbilder

Figur eines sitzenden Tigers, spätes 17. Jahrhundert.

1200–1650

1274 Etwa 30 000 Mongolen Kublai Khans landen an der Küste von Kyushu und scheitern am Widerstand der Japaner.
1281 Eine zweite Invasionsflotte der Mongolen wird durch einen Sturm vernichtet. Die Japaner nennen den Taifun *kamikaze* oder „Götterwind“.
1333 Kamakura wird bei Kämpfen um die Vormachtstellung erobert und niedergebrannt.
1336 Der Shogun Ashikaga Takauji setzt in Kyoto einen neuen Kaiser ein, um die Anarchie zu verhindern. Der abgesetzte Kaiser errichtet südlich der Hauptstadt eine Gegenresidenz.
1392 Der nördliche und der südliche Hof söhnen sich aus.
1467 Streit um das Amt des Shoguns. Es beginnt das „Zeitalter der Kämpfenden Provinzen“.
1542–1543 Die ersten Europäer – portugiesische Händler – erreichen Kyushu. Sie bringen Feuerwaffen und das Christentum mit.
1549 Der Jesuit Francisco Javier (Franz Xaver) kommt als Missionar ins Land.
1560–1597 Der Daimyo Oda Nobunaga aus der Ashikaga-Sippe beginnt, Japan zu einigen.
1597 Hideyoshi vollendet das Einigungswerk Oda Nobunagas und befiehlt die Christenverfolgung. Innerhalb von vier Jahrzehnten ist der neue Glauben im ganzen Land ausgerottet.
1598 Tokugawa Ieyasu kommt an die Macht.
1603 Das Tokugawa-Shogunat legt eine feudale Gesellschaftsstruktur fest. Edo wird Hauptstadt.
1639 Reise- und Handelsverbote schließen Japan von der übrigen Welt ab.

1650–HEUTE

Ein als „tsuba“ bezeichnetes Stichblatt der berühmten Nara-Schule (19. Jh.).

1853 Vier amerikanische Kriegsschiffe unter Commodore Matthew Perry treffen in Japan ein.
1868 Radikale Reformer schaffen das Shogunat ab. Kaiser Mutsuhito verlegt den Hof nach Edo (Tokio) und nimmt den Beinamen Meiji („aufgeklärte Regierung“) an.
1872 Der Shintoismus wird Staatsreligion.
1876 Der Samurai-Status wird abgeschafft.
1894–95 Japan gewinnt den Chinesisch-Japanischen Krieg.
1905 Japan vernichtet die russische Flotte bei Tsushima in der Koreastraße.
1945 Abwurf von US-Atombomben auf die Städte Hiroshima und Nagasaki.
1945–52 Japan ist von Alliierten besetzt.
1946 Der Kaiser verzichtet in einer Rundfunkansprache auf das Dogma seiner Göttlichkeit.
1982 Japan ist die zweitgrößte Wirtschaftsmacht der Welt, nach den USA.

Eine Kurtisane trägt Lippenrot auf. Ästhetik und Eleganz, ein typisches Merkmal der japanischen Gesellschaft, wurde erstmals in der Heian-Ära zwischen dem 8. und 12. Jahrhundert bewußt kultiviert. Druck von Kitagawa Utamaro (18. Jh.).

mehr. Die Damen und Herren, die mit weiß gepuderten Gesichtern durch die Hallen, Gärten und Gemächer des Palastes wandelten, bezeichneten sich selbst als „Wolkenbewohner“ und gaben sich ganz dem *miyabi* oder elitären Lebensstil hin, dessen größte Tugend die raffinierte, zurückhaltende Eleganz war. Ein großes Zeitalter von Kunst und Literatur zog herauf. Zwei seiner herausragenden Werke stammten von Frauen: Sei Shonagon, die in ihrem nach Art eines Tagebuchs geschriebenen *Kopfkissenbuch* einen Einblick in die bis zur Verstiegenheit verfeinerten Sitten bei Hofe gibt, und Murasaki Shikibu, deren *Geschichte vom Prinzen Genji* bis heute gelesen und zur Weltliteratur gerechnet wird.

Während sich der Adel in Heian um Geschmack und Bildung kümmerte, nahm er wenig Notiz vom Leben in den Provinzen. Der Grund und Boden war in etwa 5000 große Landgüter aufgeteilt, von deren Einkünften die Eigentümer ihren aufwendigen Lebensstil bei Hofe bestritten. Die eigentliche Macht in den Provinzen lag bei den Gutsverwaltern, rauhen, tüchtigen Männern, deren bewaffnete Gefolgsleute – Bushi genannt – die Ordnung aufrechterhielten und das Banditentum bekämpften. Die Bestellung der Felder überließ man den Bauern, die sich abrackerten und dafür von den Grundbesitzern nur Verachtung ernteten.

Das entbehrungsreiche Dasein, das die einfache Bevölkerung führte, erwies sich als guter Nährboden für den Buddhismus, der sich in der Heian-Periode in der Gestalt vieler neuer Sekten *(Kasten Seite 33)* ausbreitete. Sie alle verhießen die persönliche Erlösung und schlossen damit eine weitere Lücke des Shintoismus, der seinen Anhängern im Jenseits wenig zu bieten hatte. Was sie unterschied, war der Weg, den die Gläubigen gehen mußten, um zur Erleuchtung zu gelangen. Für die Tendai-Lehre („Himmelsterrasse“), die der Mönch Saicho Ende des 8. Jahrhunderts gegründet hatte, war dieser Weg das Studium eines bedeutenden buddhistischen Textes, des Lotus-Sutra. Die von Kukai, einem Zeitgenossen Saichos, gegründete Shingon-Schule („Wahres Wort“) konzentrierte sich auf das Sprechen bestimmter heiliger Verse, die den Eingeweihten ausschließlich mündlich überliefert wurden. Besondere Beliebtheit errang später der Jodo- oder Amida-Kult („Reines Land“), der ewige Glückseligkeit im Reinen Land des Westlichen Paradieses verhieß, wenn man Amida Buddha hingebungsvoll verehrte.

Als die Sekte des Reinen Landes im 12. Jahrhundert nach Japan gelangte, wurde ihre Botschaft begeistert aufgenommen, da um diese Zeit die Heian-Welt in Auflösung begriffen war. Die wirtschaftliche Grundlage des Kaiserhofs war über die Jahrhunderte hinweg geschwächt worden, weil immer mehr mächtige Gruppen – Adel, buddhistische Klöster sowie Shinto-Tempel – für ihre Ländereien Steuerfreiheit durchsetzten. Die in den Taika-Reformen vorgesehene Maßnahme, das Land an jene zu verteilen, die es bewirtschafteten, war bereits in den Ansätzen gescheitert. Und die Verwaltung der Provinzen lag längst nicht mehr in den Händen von kaiserlichen Beamten, da die Militär-Befehlshaber nicht mehr die staatliche Ordnung verteidigten, sondern für ihre eigenen Vorteile kämpften und mit der Zeit eine Art Militäraristokratie bildeten.

Die Machtübernahme der Shogune

Die Dinge spitzten sich zu, als die Fujiwara-Sippe, die lange Zeit Japans Politik diktiert hatte, um die Mitte des 12. Jahrhunderts nach einer umstrittenen Erbfolge-Entscheidung ihren Einfluß verlor und ein Machtvakuum in der Zentralverwaltung hinterließ. Zwei rivalisierende Kriegerfamilien – die Taira aus dem Westen und die Minamoto aus dem Osten von Honshu – versuchten, ihre Nachfolge anzutreten, und trugen den Kampf um die Vorherrschaft mit Waffen aus.

Zunächst ging der Sieg an die Taira. Unter ihrem Anführer Kiyomori nahmen sie blutige Rache und verurteilten die meisten der Gegner zum Tode. Zu den Opfern zählten auch 50 Höflinge; seit über 350 Jahren waren dies die ersten Mitglieder des kaiserlichen Gefolges, die hingerichtet wurden – ein Zeichen, daß die alte höfische Welt vor dem Untergang stand.

Aber die Minamoto gaben sich noch nicht geschlagen. In der Stunde des Triumphes beging Kiyomori den Fehler, daß er und seine Gefolgsleute viele einflußreiche Leute vor den Kopf stießen. Die Minamoto formierten sich neu und konnten nach Kiyomoris Tod im Jahr 1181 die Oberhand in einem mit brutaler Gewalt ausgetragenen Bürgerkrieg gewinnen.

Die Entscheidung kam vier Jahre später in der Seeschlacht von Dannoura in der Meerenge zwischen Honshu und Kyushu, wo die Taira eine vernichtende Niederlage erlitten. Die Großmutter des siebenjährigen Kaisers Antoku, die das Geschlecht der Taira unterstützte, beging Selbstmord, indem sie mit dem Kindkaiser im Arm ins Meer sprang. Amaterasus Schwert, das zu den Herrscherinsignien gehörte und stets weitervererbt wurde, versank mit ihnen in den Fluten. Das gleiche wäre wohl mit dem Bronzespiegel der Göttin geschehen, hätte nicht ein Pfeil der Minamoto die Gewänder der Hofdame, die sich mit dem Kleinod in die Tiefe stürzen wollte, am Deck des Schiffes festgeheftet.

Ein neuer Kaiser bestieg den Thron in Heian, doch die Machtverhältnisse hatten sich geändert. Nach der Schlacht nahm der siegreiche Minamoto-Befehlshaber Yoritomo den Titel Shogun oder „kaiserlicher General" an. Aber im Gegensatz zu Kiyomori beging er nicht den Fehler, den Höfling zu spielen. Statt dessen zog er sich in das 480 Kilometer östlich von Heian ge-

Diese große Zypressenholz-Skulptur stellt Amida dar, den Buddha des Unendlichen Lichts, der in Gokuraku Jodo residiert. Späte Heian-Zeit, 12. Jahrhundert.

legene Küstenstädtchen Kamakura – heute ein Vorort von Tokio – zurück, das sich mitten im Einflußgebiet der Minamoto befand. Dort errichtete er eine Verwaltung, das Bakufu („Zeltregierung") – ein Begriff, der bis dahin ein Feldlager bezeichnet hatte.

Damit gab er ein System vor, das ihn lange überdauern und die nächsten siebenhundert Jahre der japanischen Geschichte prägen sollte: Der Kaiser regierte weiterhin in Heian oder Kyoto, wie man es später nennen sollte. Aber seine Autorität war weitgehend nominell, während die wahre Macht beim Shogun lag, der im Namen des Kaisers die Politik bestimmte. Die zunächst latente Militarisierung der japanischen Gesellschaft ließ sich mit der Zeit nicht mehr übersehen. Die Generäle ernannten Angehörige des Kriegeradels zu Provinzstatthaltern, unterstützt von Verwaltern, welche die ausgedehnten Ländereien mit Scharen von kampferprobten Gefolgsleuten unter Kontrolle hielten.

Im großen und ganzen profitierte die Bevölkerung von der neuen Ordnung. Die Verwaltung des Shogunats war zumindest in den Anfangsjahren entschlossener und effektiver als die oft schwachen und zaudernden Heian-Kaiser. Grundherren und Klöster mußten wieder einen Beitrag zum Staatshaushalt leisten. Gesetz und Ordnung wurden mit Nachdruck durchgesetzt, und man versuchte ernsthaft, auch andere Schichten als die herrschende Klasse an den Vorteilen des neuen Systems teilhaben zu lassen. Das Ethos von Kamakura wurde im *Joei*-Kodex zusammengefaßt, einer Sammlung von Vorschriften und Empfehlungen zur Rechtsprechung, die das Prinzip der Unparteilichkeit betonten. Die darin enthaltenen Richtlinien blieben während der folgenden siebenhundert Jahre für das japanische Rechtswesen maßgebend.

Die veränderte politische Atmosphäre machte sich bald auch in anderen Bereichen des japanischen Lebens bemerkbar. Auf literarischem Gebiet begann man, die Heldentaten der Krieger zu verherrlichen. Viele der Erzählungen hatten ihre Wurzeln in den einstigen Kämpfen zwischen den Taira und den Minamoto. Sie wurden zunächst von blinden Sängern mündlich im Kreise von Kriegern weitergegeben, später dann von Gelehrten gesammelt und in Form von Prosaromanen niedergeschrieben. Manche der Werke fanden Eingang in die Legenden und bereicherten so den Mythenschatz des Landes.

Auch im religiösen Leben hinterließen die Krieger ihre Spuren. Sie zählten zu den ersten begeisterten Anhängern des Zen-Buddhismus, der um diese Zeit nach Japan gelangte. Ihnen kam entgegen, daß die neue Sekte Meditation und strenge Selbstdisziplin als Mittel zur geistigen Vervollkommnung erachtete. Parallel dazu erhielt der Shintoismus neuen Auftrieb durch

Beide Versuche der Mongolen, Japan zu erobern, scheiterten. Die Bildrolle zeigt, wie Dschunken der Mongolen von den Japanern geentert werden. Rechts ist Takezaki zu sehen, ein berühmter Kriegsheld, wie er einem Feind die Kehle durchschneidet.

die Watarai-Priestersippe, die Hüter des Amaterasu-Schreins zu Ise. Mit einer Lehre, die besonderen Wert auf die Reinigungsrituale legte und eine jährliche Pilgerreise zum Ise-Schrein vorschrieb, versuchten sie, dem alten Glauben neue Kraft zu verleihen. Die Botschaft fiel auf fruchtbaren Boden, und in den folgenden Jahrhunderten suchten jedes Jahr mehr als eine halbe Million Gläubige das Ise-Heiligtum auf.

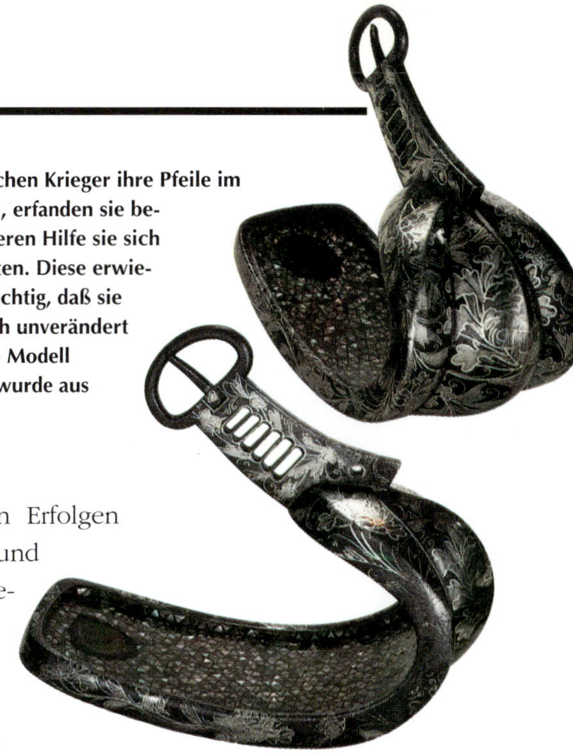

Da die berittenen japanischen Krieger ihre Pfeile im vollen Galopp abschossen, erfanden sie besondere Steigbügel, mit deren Hilfe sie sich im Sattel aufrichten konnten. Diese erwiesen sich als so funktionstüchtig, daß sie jahrhundertelang praktisch unverändert blieben. Das hier gezeigte Modell aus dem 17. Jahrhundert wurde aus Eisen und Silber gefertigt.

Die Mongolen-Angriffe

Wie sich im Laufe der Geschichte zeigen sollte, benötigte Japan die straffe militärische Herrschaft dringender, als man je vorausgesehen hatte, denn gegen Ende des 13. Jahrhunderts mußte es die größte Zerreißprobe bestehen, der es jemals ausgesetzt gewesen war. Nachdem die Mongolen-Horden über Eurasien hinweggestürmt waren und einen Großteil des chinesischen Reichs erobert hatten, schickte ihr Anführer Kublai Khan im Jahre 1268 eine Abordnung zu den Japanern und forderte sie auf, sich seiner Herrschaft zu unterwerfen und ihm Tribut zu zahlen. Der Kaiserhof bereitete ein eher zaghaftes Antwortschreiben vor, aber davon wollte der Shogun nichts wissen und lehnte die Forderung kategorisch ab. Das Land begann, sich auf eine Invasion vorzubereiten, die 1274 auch erfolgte. An die 30 000 feindliche Soldaten landeten an der Nordküste von Kyushu, wurden aber durch den entschlossenen Widerstand der Japaner daran gehindert, ins Landesinnere vorzudringen. Nach einer Woche mit wechselnden Erfolgen kam ein Taifun auf, und die koreanischen Seeleute, die das Heer übergesetzt hatten, drängten die Mongolen, auf die Schiffe zurückzukehren. Das war ein schwerer Fehler: Der Sturm trieb die Flotte aufs Meer hinaus, und Tausende von Männern ertranken.

Kublai Khan fand sich mit der Niederlage keineswegs ab. Seine Boten überbrachten dem Shogun erneut Sendschreiben, in denen er seine Forderungen wiederholte. Die Antwort war unmißverständlich: Man enthauptete die Gesandten und ließ dem Mongolenherrscher ihre Köpfe zukommen. Daraufhin schickte Kublai Khan zwei Flotten nach Japan, die insgesamt 144 000 Mann an Bord hatten. Wieder verhinderte die Gegenwehr der Japaner, daß die Mongolen ins Landesinnere vorrückten. Und wieder kam ihnen ein Sturm zu Hilfe, der die Mongolenschiffe zerschmetterte. Der Feind verlor über die Hälfte seiner Truppen und trat den endgültigen Rückzug an. Dankbar bezeichneten die Japaner den Taifun als *kamikaze* oder „Götterwind", ein Begriff, der über sechshundert Jahre später, im Zweiten Weltkrieg, auf die Selbstopfer-Angriffe der Bomberpiloten angewendet werden sollte.

Der Sieg von 1281 zählte zu den Sternstunden des Kamakura-Shogunats, aber er war teuer erkauft. Die Ausgaben für die Verteidigung des Landes hatten die Staatskasse geleert. Die Shogune besaßen weder Mittel noch Ländereien, um die Vasallen für ihre Unterstützung zu belohnen. Unzufriedenheit machte sich breit, und Yoritomos Regierungssystem brach zusammen. Im Jahre 1333 wurde Kamakura von Rivalen gestürmt und niedergebrannt. Das Shogunat selbst über-

lebte, wenngleich sehr geschwächt. Unter den Ashikaga drohte dem Land erneut die Anarchie, als Provinzbarone ihre Macht zu vergrößern suchten. Im Jahre 1467 kam es in den Straßen von Kyoto zu einer Schlacht zwischen rivalisierenden Truppen. Die Stadt fiel in Schutt und Asche, und eine Zeit der Bürgerkriege begann.

Die große Zeit der Samurai

Erstaunlicherweise brach das Gesellschaftsgefüge während der Kriegswirren nicht zusammen. Die Bauern bestellten das Land, wie sie es immer getan hatten, und in den Städten, die überall im Reich entstanden, blühten Handwerk und Gewerbe. Die Kämpfe wurden vorwiegend von Berufskriegern bestritten, Nachfahren der Bushi von einst, die man als Samurai („Dienende") bezeichnete. Viele von ihnen waren jüngere Söhne aus Adelsfamilien, die ihren Status als Aristokraten verloren hatten, da einem altem Brauch zufolge dieser Titel nach sechs Generationen erlosch. Das bedeutete, daß sie sich nach einem Broterwerb umsehen mußten. Den fanden sie in der Regel als bewaffnete Gefolgsleute der Daimyo, wie man die mächtigen Großgrundbesitzer der Provinz nannte. Sie gelobten ihrem Herrn absolute Treue und erhielten als Lohn für ihre Dienste meist eigenen Grundbesitz. Die Erfolgreichen unter den Samurai lebten auf weitläufigen Gehöften, die neben dem Herrenhaus auch Stallungen, Lagerhäuser sowie Unterkünfte für Diener und einfache Krieger umfaßten und durch Gräben, Erdwälle und Palisaden gesichert waren.

Im 16. Jahrhundert war Japan – aufgeteilt zwischen rivalisierenden Daimyo, die dem machtlosen Kaiser in Kyoto nur nominell die Lehnstreue hielten – ein lebenskräftiges Land, das sich offen gegenüber neuen Einflüssen zeigte. Viele dieser Impulse kamen aus Europa, das sich gegen Ende der Renaissance in seiner großen Phase der Entdeckungen und der Expansion befand. Die ersten Europäer, die japanischen Boden betraten, waren portugiesische Kaufleute, die im Jahre 1542 oder 1543 auf einer Insel vor Kyushu landeten. Sie führten die ersten Feuerwaffen ein, die in kürzester Zeit die Kriegführung der Japaner grundlegend verändern sollten.

Und sie brachten das Christentum mit. Bereits 1549 kam mit dem spanischen Jesuiten Francisco Javier (dem späteren Heiligen Franz Xaver) der erste Missionar ins Land. Andere folgten ihm und konnten vor allem auf der südlichen Insel Kyushu nicht wenige Anhänger für den neuen Glauben gewinnen.

Unterdessen formierten sich politische Kräfte, die letzten Endes die Einigung Japans bewerkstelligen sollten. Die ersten Schritte in diese Richtung unternahm ein ehrgeiziger Daimyo namens Oda Nobunaga, der 1568 in Kyoto einmarschierte und bis zu seinem Tod im Jahre 1582 fast die gesamte Zentralregion von Honshu unter seine Kontrolle gebracht hatte. Sein

Auf dem bemalten Stellschirm aus dem 18. Jahrhundert sind portugiesische Missionare zu sehen, die von japanischen Musikanten willkommen geheißen werden. Die Ankunft der Europäer löste ein ganzes Genre ähnlicher Motive aus.

Werk wurde von Toyotomi Hideyoshi fortgeführt, dem Sohn eines einfachen Soldaten in Nobunagas Truppen, der sich vom Kaiser zum Regenten ernennen ließ und seine Herrschaft nach einer Reihe von Kämpfen über das ganze Land ausdehnen konnte.

Der neue Machthaber erwies sich als tüchtig, neigte jedoch zu überstürzten Entscheidungen. Wohl um die vielen brotlos gewordenen Samurai zu beschäftigen, befahl Hideyoshi eine Invasion Koreas, die fehlschlug und viele tausend Menschenleben kostete. Nachdem er den Christen zunächst wohlwollend gegenübergestanden hatte, ließ er 1597 sieben Missionare und neunzehn japanische Christen foltern und hinrichten und löste damit eine Christenverfolgung aus, die in den folgenden vier Jahrzehnten den neuen Glauben in ganz Japan ausrotten sollte.

Nach Hideyoshis Tod im Jahre 1598 brach ein Machtkampf aus, der sich zu einem Bürgerkrieg ausweitete. Sieger blieb Ieyasu, der Führer der Tokugawa-Sippe, die Japan während der folgenden 250 Jahre regieren sollte. Um die Stabilität des Landes wiederherzustellen, führten die Tokugawa-Shogune ein starres Vier-Klassen-System ein. Den höchsten Status hatten die Samurai-Krieger; sie entwickelten sich praktisch zum Erbadel und besetzten nach und nach die wichtigsten Regierungsämter. An zweiter Stelle standen die Bauern, die unter hohen Steuern und harten Gesetzen zu leiden hatten, gefolgt von den Handwerkern und den Kaufleuten. Letztere wurden von der Kriegerelite als Geldraffer verachtet, aber da sie den Daimyo wie den Samurai alle erdenklichen Luxusgüter lieferten, gelang es gerade ihnen, während des langen Friedens der Tokugawa-Zeit zu beträchtlichem Wohlstand zu kommen.

In dieser straff geordneten Gesellschaft gab es nur ein potentiell störendes Element, das wie ein Stachel im Fleisch der Shogune saß – die Ausländer, die nun immer zahlreicher in das Inselreich kamen. Um ihren Einfluß auszuschalten, faßten die Herrscher den Entschluß, die Fremden für immer aus Japan zu entfernen. In den ersten Jahrzehnten des 17. Jahrhunderts erließen sie Verordnungen, die Japan vollkommen von der Außenwelt abriegelten. Ab 1636 war es Japanern bei Todesstrafe verboten, ins Ausland zu reisen; drei Jahre später wurden alle Nichtjapaner ausgewiesen. Die einzige Ausnahme bildeten chinesische Händler und holländische Kaufleute, welche die Insel Deshima im Hafen von Nagasaki anlaufen durften.

So drastisch ihre Methoden auch waren, die Tokugawa-Shogune schafften es, 250 Jahre lang den inneren Frieden Japans zu wahren. Aber sie schirmten das Land total von der übrigen Welt ab, und das zu einer Zeit, da in Europa das Industriezeitalter anbrach. Als daher 1853 vier amerikanische Kriegsschiffe unter Commodore Matthew C. Perry vor der Küste auftauchten, um die Öffnung Japans notfalls mit Gewalt zu erzwingen, waren die Shogune völlig unvorbereitet auf die Begegnung mit den Ausländern.

Die Reaktion der Tokugawa-Regierung auf die „ungleichen Verträge", die ihr kurz nach Perrys Ankunft von den USA und anderen Ländern aufgezwungen wurden, war so zögernd und wenig überzeugend, daß der letzte Shogun fünfzehn Jahre nach Ankunft der Schiffe abdanken mußte. Beschleunigt wurde sein Sturz von jungen Radikalen, die von dem Gedanken besessen waren, das Ansehen der Nation zu retten. Sie besetzten 1868 den Kaiserpalast in Kyoto, um im Namen des 15jährigen Kaisers Mutsuhito das Ende des Shogunats und die Wiederherstellung der kaiserlichen Herrschaft zu verkünden. Dann zog der junge Kaiser mit seinem Hof nach Edo, das in Tokio umbenannt wurde, „östliche Hauptstadt". Auch der Titel, unter dem er herrschte, wurde in Meiji oder „die erleuchtete Regierung" geändert.

Der Neuanfang

Das Schlagwort der Meiji-Reformer war „Modernisierung", denn sie waren überzeugt davon, daß Japan gefährlich weit hinter dem Westen herhinkte. Und so machten sie sich daran, zwei Jahrhunderte westlichen Fortschritts aufzuholen. Beseelt von dem gleichen Geist wie ein Jahrtausend zuvor Prinz Shotoku, der seine Delegationen nach China geschickt hatte, sandten sie ein Heer von Regierungsbeamten, die sogenannte „Iwakura-Mission", in die wichtigsten Hauptstädte Europas, um sich im Westen gründlich umzusehen. Dann gingen sie daran, das alte Klassensystem der Tokugawa durch neue oder wiederbelebte Institutionen zu ersetzen. Aus Großbritannien kamen Impulse zum Aufbau der japanischen Industrie und der Marine. Frankreich und Deutschland dienten als Vorbild für die Organisation des Heeres und die Reform des Schulwesens.

Dennoch waren die Meiji-Reformen stets ein Balance-Akt zwischen Altem und Neuem. In religiösen Dingen griffen die neuen Herrscher auf die Traditionen des Shintoismus zurück, des Glaubens, der seine Wurzeln im Inselreich hatte. Er sollte ein Leuchtturm der Stabilität sein im raschen Wandel der Welt, das Nationalgefühl stützen und, gemeinsam mit der Verehrung des vergöttlichten Kaisers, eine Brücke zwischen Vergangenheit und Gegenwart schlagen. Deshalb wurde der Shintoismus erstmals straff durchorganisiert und erhielt eine Hierarchie von Göttern und Priestern. Man machte ihn zur Staatsreligion und wies dem Buddhismus eine untergeordnete Rolle zu.

Der Erfolg der Meiji-Reformen blieb nicht aus. Japan, das bereits den Chinesisch-Japanischen Krieg (1894–95) zu seinen Gunsten entschieden hatte, wandte sich gegen das mächtige Rußland und brachte der feindlichen Flotte 1905 in der Schlacht von Tsushima in der Koreastraße eine schwere Niederlage bei.

Der militante Nationalismus, der aus diesen Siegen erwuchs, sollte das Land schließlich ins Verderben führen. Nach anfänglichen Erfolgen gegen China in den dreißiger Jahren und im Zweiten Weltkrieg wurde Japan entscheidend geschlagen und erlitt das Trauma der Atombomben-Abwürfe auf die Städte Hiroshima und Nagasaki. Die Kapitulation und die Besetzung der Inseln durch die Alliierten

Ein dreiteiliger *inro*, ein Behälter für Stempel oder Arznei, aus der Meiji-Ära (nach 1868). In jener Zeit der Modernisierung Japans erlebte das Kunsthandwerk eine neue Blüte.

Akihito, Kaiser von Japan, bestieg den Chrysanthemen-Thron im Jahre 1990 nach dem Tod seines Vaters Hirohito. Das Amt und die mit ihm verbundenen Rituale bilden ein festes Band zwischen der dynastischen Tradition Japans und seinen alten Göttern.

war eine beispiellose Katastrophe für die seelische Verfassung der Nation, die seit prähistorischen Zeiten jegliche Invasion abgewehrt hatte.

Der Aufstieg zur Wirtschaftsmacht

Trotz der apokalyptischen Ängste vieler Japaner stellte sich heraus, daß die Erfahrung der Niederlage eher segensreich war. Die Besatzungsmächte setzten ein radikales Programm demokratischer Reformen durch, an denen jede japanische Regierung unter dem Druck der vielfältigen Interessengruppen gescheitert wäre. Das allgemeine Wahlrecht wurde ebenso durchgesetzt wie eine umfassende Landreform.

Der Kaiser blieb das Oberhaupt der Nation, hatte jedoch keinerlei politische Macht mehr. Im Jahre 1946 widerrief er in einer Rundfunk-Erklärung seinen Anspruch auf Göttlichkeit und zog damit den Schlußstrich unter eine mehr als tausendjährige Tradition. Wirtschaftlich gesehen erlebte die Nation, die praktisch ganz von vorn anfangen mußte, einen stürmischen Aufschwung. Nach dem Ende der Besetzung durch die Alliierten im Jahre 1952 dauerte es keine drei Jahrzehnte, bis Japan die zweitgrößte Wirtschaftsmacht der Welt nach den USA war. Entgegen allen Erwartungen schrieb das Land die größte Erfolgsgeschichte der Nachkriegszeit.

Aber auch im verwestlichten High-Tech-Japan der Camcorder und Computer gingen die Mythen von einst nicht verloren. Die Meiji-Reformer setzten sie bewußt ein, um den Nationalismus zu stärken, und gewisse konservative Kräfte sowie ein Teil der Shinto-Priester würden dies gern auch weiterhin tun. Aber die meisten Japaner sehen die Erzählungen heute frei von jedem politischen Inhalt als Teil eines gemeinsamen Erbes an, das bis weit in die Vorgeschichte des Inselreichs zurückreicht.

Für die übrige Welt waren die Götter, Dämonen und Geisterwesen, welche die Zauberreiche der japanischen Mythologie bevölkern, schon immer Teil eines weltweiten Kulturerbes, das keinerlei geographisch, sprachlich oder historisch begründete Grenzen kennt. Und in diesem Sinne gehören die Mythen nicht nur Japan, sondern allen Völkern der Erde.

DAS GETREIDE DER GÖTTER

Der Reisanbau hat Japan und sein Volk geprägt. Die alten Mythen berichten, wie Susano bei seinem Wettstreit mit Amaterasu *(Seite 40)* die göttlichen Reisfelder zerstörte, und bis zum heutigen Tag gehört das Reisanpflanzen oder *taue* zu den bedeutendsten Ritualen des Inselreichs. In der langen Geschichte Japans war *go-han,* der „ehrenwerte Reis", allgegenwärtig: Er stand an der Spitze der Opfergaben, Steuern mußten in Form von Reis entrichtet werden, der gesellschaftliche Rang eines Samurai wurde an seiner jährlichen Reiszuteilung bemessen, der Reisgott Inari gehörte zu den meistverehrten Gottheiten Japans, und seit dem 1. Jahrhundert v. Chr. ist Reis die wichtigste Feldfrucht des Landes. Das als Sake oder Reiswein bezeichnete Getränk spielt in alten Mythen wie in modernen Zeremonien eine wesentliche Rolle: Wer Sake trinkt, kommt den Göttern ein Stück näher.

Ganz oben: Schwarzgelackte Sake-Flasche, 18. Jahrhundert. Sake oder Reiswein wird seit Jahrtausenden gebraut. In den Mythen schreibt man ihm oft eine reinigende Kraft zu. Er dient als Weihegabe und bringt der Überlieferung nach Glück. Deshalb trinken noch heute bei Hochzeitszeremonien Braut und Bräutigam drei Schlucke Sake aus drei lackierten Schalen.

Oben: Der Zweite Krieg zwischen Mochi und Sake, Teil eines Triptychons von Hiroshige, 1843–45. Mochi sind Reiskuchen, die an Neujahr zum Tee serviert werden. Sake wird zu Meeresfrüchten gereicht, zu deren mildem Geschmack er gut mundet. Der Künstler gestaltet hier einen Wettstreit zwischen beiden.

Oben: Ernte auf einem Naßreisfeld bei Yamagata. Die Japaner glauben, daß es keine gesündere Arbeit als die Bestellung der Felder gibt, und so lautet ein japanisches Sprichwort: „Gesegnet das Land, dessen Herrscher ein Bauer ist.“ Der Reisanbau, das Leben der Nation, wird in Japan als heiliges Werk betrachtet. Noch heute zelebriert der Kaiser alljährlich das Ritual des Reisanpflanzens, ein großes Fest, bei dem der Feldgott ein Sake-Opfer erhält.

Links: Eine Schmuckfigur aus Elfenbein, *okimono* genannt, die Reisverkäufer darstellt (um 1900). Für alle, die mit dem Reishandel zu tun hatten, besaß der Reisgott Inari eine besondere Bedeutung, da er auch der Schutzpatron des Handels und des Wohlstands war.

Rechts: Boten in Gestalt von Füchsen bewachen das Inari-Heiligtum in Fushimi bei Kyoto, den größten der über 40 000 Schreine in Japan, die dem Reisgott geweiht sind. Sogar in Ise findet man einen Inari-Altar.

GÖTTER OHNE ZAHL

Der Shinto-Gott Izanagi hatte vergeblich versucht, seine verstorbene Gattin Izanami aus der Unterwelt zurückzuholen. Bei seiner Rückkehr in die Menschenwelt nahm er rituelle Waschungen vor, um sich vom Schmutz der Unterwelt zu reinigen. Er wusch sich in einem Fluß, und die Verunreinigungen seines Körpers schufen den Gott Yasomaga-tsubi („Achtzig Übel des Körpers"); dann ließ er zwei weitere Götter entstehen, welche die Übel wieder beheben sollten, die Yasomaga-tsubi begangen hatte. Anschließend badete Izanami an verschiedenen Stellen des Meeres und zeugte zwei Götter des Meeresgrundes, zwei Gottheiten des mittleren Wassers und zwei Hüter des Oberflächenwassers. Als er sich weiter wusch, entstanden noch mehr Gottheiten – darunter die große Shinto-Sonnengöttin Amaterasu, die hervortrat, als er sein linkes Auge wusch *(Seite 37).*

Die Gesamtzahl der Götter und Göttinnen des Shinto-Pantheons ist unermeßlich. Nach alten Texten sind es 800 Gottheiten, doch in der japanischen Mythologie ist die Acht *(ya)* heilig und bedeutet schlicht „viele". Die frühen Japaner verehrten Dinge von ungewöhnlicher Schönheit, Macht, Größe oder Form. Flüsse, Wasserfälle, Berge, Felsen, Tiere, Bäume, Gräser und Reisfelder hatten alle ihr eigenes *kami* oder „göttliche Wesenheit". Mit dem Begriff *kami* wurde die höhere Macht benannt, die ein Ding oder ein Lebewesen beseelte und es im animistischen Shinto-Glauben anbetungswürdig machte. Gleichzeitig verehrte man diese heilige Kraft in personifizierter Form als Gottheit. Winzige, *hokora* genannte Schreine wurden zu Ehren der zahllosen *kami* aufgestellt.

Obwohl die *kami* auch menschliche Gestalt annehmen konnten, waren sie für gewöhnliche Sterbliche unsichtbar. Sie wurden in *amatsu-kami,* Götter des Himmels, und *kunitsu-kami,* Götter der Erde, eingeteilt. Höhere Himmelsgottheiten wie Amaterasu waren zwar mächtig, aber nie allmächtig. Sie konnten nicht sehen, was in der Menschenwelt geschah, und mußten Kundschafter einsetzen, die ihnen über die Menschen berichteten. Auch konnten sie nicht in die Zukunft blicken; dafür mußten sie Divinationsrituale durchführen. Nach altehrwürdiger Tradition besaß jeder Gott zwei Seelen: die *arami-tama,* die aggressiv war, und die *nigimi-tama,* die friedliebend war. Das Verhalten einer Gottheit zeigte oft krasse Unterschiede, je nachdem, welche Seele gerade die Oberhand hatte. Selbst der Gott Susano, die wahre Inkarnation des Aufruhrs, hatte außer der gewalttätigen Seele auch eine freundliche. Dementsprechend vollbrachte Susano gelegentlich auch gute Taten, wie zum Beispiel die, mit der er Kusanada-hime, die Reisfeld-Prinzessin, vor dem achtschwänzigen und achtköpfigen Drachen rettete *(Seite 54–55).*

Gegenüber: **Die *kami* waren verehrungswürdige göttliche Kräfte, die vielen Orten und Dingen der Natur, auch Menschen, innewohnten – so auch dieser Kiefer auf einem Felsen bei Kiri-Kiri, Iwate.**

Unten: **Der Hahn war der heilige Vogel der Sonnengöttin Amaterasu. Krähend begrüßte er den Sonnenaufgang. Stichblatt eines Schwertes, *tsuba* genannt (19. Jh.).**

Die Gestalt des Kosmos

Der japanischen Mythologie zufolge ging das Weltall spontan aus dem Chaos hervor. Das uranfängliche Universum war eine schäumende Masse in der Form eines gewaltigen Eis. Das Leichtere schwebte nach oben und bildete Takama-no-hara („Das Hohe Himmelsgefilde"), den Wohnort der Götter; das Schwere sank nach unten und wurde zur festen Erde.

Dann kamen aus einer weißen Wolke drei *amatsukami* (Himmelsgötter) hervor. Der Erstgeborene war Amenominakanusi („Herr der Hehren Himmelsmitte"), als nächstes folgte Takamimusubi („Erhabener, hoher Erzeuger") und dann kam Kamimusubi („Erhabener, göttlicher Erzeuger"). Unten hatte die Erde noch nicht Gestalt angenommen, denn sie war ständig in Bewegung wie ein spielender Fisch oder ein auf dem Wasser dahintreibender Ölfleck. Dennoch keimte auf ihr die erste Pflanze, ein zarter, durchscheinender Schilfschößling, der in den hohen Himmel emporschoß. Dort wurde er zu Umasiasikabipikodi („Lieblicher älterer Prinz des Schilfschößlings") und zu Amenotokotati („Der im Himmel ewig Stehende"). Nun gab es fünf Gottheiten, die in den Weiten des Himmels wohnten. Alle waren unsichtbar, unbestimmt und ohne körperliche Gestalt.

Auf die fünf folgten sieben weitere göttliche Generationen; sie alle erschienen in männlich-weiblichen Paaren als Bruder und Schwester oder Gemahl und Gemahlin. Das letzte Götterpaar dieser Generationen waren Izanagi und Izanami *(Seite 34–35)*.

Es gibt viele Genealogien der ersten Götter, die in so alten Quellen wie dem *Kojiki* und dem *Nihongi* zu finden sind. In den Versionen, die die Zeiten überdauert haben, scheinen die japanischen Schöpfungsmythen durch chinesisches Gedankengut beeinflußt zu sein. Shinto-Gelehrte meinen, daß die urzeitliche Teilung des Universums in leichtere und schwerere Bestandteile nicht der japanischen Denkweise entsprach. In der chinesischen Mythologie entstand das Universum, als sich das Urchaos in seine einander ergänzenden Prinzipien Yin und Yang teilte. Manche Gelehrten sind sogar der Meinung, daß es sich nur bei den Mythen von Izanagi und Izanami um echte altjapanische Überlieferung handelt.

Ein *tengu* – ein Geist – tritt aus einem Ei heraus. Das japanische Weltbild vom urzeitlichen Kosmos als gewaltigem Ei stammte vermutlich aus China, Indien oder Zentralasien.

Immer mehr Götter wurden geschaffen. Die schier unübersehbare Zahl der *kami* wurde in *amatsu,* Götter des Himmels, und *kunitsu,* Götter der Erde, eingeteilt. Das Hohe Himmelsgefilde war eine fruchtbare Landschaft mit blühenden Bäumen und hohen Bergen. Es duftete wie in manch einem Teil Japans selbst. Mitten hindurch strömte der Amano-gawa, auf dessen Grund Kieselsteine schimmerten. Von der Erde erhob sich einst die Schwebebrücke Ama-no-Hashidate zum Himmel. Doch die Brücke zerbrach an einem Tag, als heftige Stürme tobten, und stürzte hinab ins Meer, wo sie eine Landenge westlich von Kyoto schuf, einen Ort wilder Schönheit.

Die Erdenwelt wurde das Mittelland der Schilfgefilde genannt. Tief unter ihr lag Yomi, das dunkle Land der Toten, wo sich Dämonen versammelten, die dort je nach ihrem Rang in Palästen oder Hütten lebten. Die Bewohner der Totenwelt zahlten keinen Preis für begangene Sünden: Im Shinto-Weltbild gab es die Vorstellung von einer Bestrafung nach dem Tode nicht.

Mannigfache Welten

Für die vielen buddhistischen Sekten Japans beherbergte das Universum zahllose Welten. Während Shinto den Gedanken an Bestrafung oder Belohnung nach dem Tode nicht kannte, konnten Buddhisten auf eines von vielen Paradiesen hoffen, geschaffen von den Buddhas, um ihren getreuen Anhängern den Kreislauf von Werden und Vergehen zu ersparen.

Vier Welthüter bewachten das Universum vor eindringenden Dämonen. Jeder war für eine der vier Weltgegenden zuständig: Im Osten war es Jikoku („Beschützer des Ostens"), während der Westen von Komoku („Weitäugiger") behütet wurde; im Norden wachte Bishamon („Weithöriger"), im Süden Zocho („Herr des Wachstums").

Den buddhistischen Sekten standen mehrere Paradiese zur Verfügung, von denen jedes einen eigenen Butsu oder Buddha besaß. Die größte Sekte war die von Saicho gegen Ende des 8. Jahrhunderts am Berg Hiei gegründete Tendai-Schule. Ihr Paradies war Ryoju-sen, die japanische Variante des Geier-Gipfels in Indien. Dort hielt nach der Überlieferung Shakyamuni Buddha (in Japan Shaka-nyorai genannt) eine im *Lotus-Sutra* niedergeschriebene, berühmte Predigt.

Dieser buddhistische Text diente im 13. Jahrhundert wiederum dem Mönch Nichiren als Glaubensgrundlage für seine Sekte. In das Paradies Ryoju-sen konnten Buddhisten schon vor dem Tode gelangen, wenn sie über die Wahrheit des Lotus meditierten.

Die Wonnen von Gokuraku Jodo („Paradies im Westen"), das im Amida Buddha Gestalt erhielt, wurden oft gepriesen und waren den Anhängern des Jodo vertraut, der japanischen Sekte des „Reinen Landes". Dort schmückten Juwelen die Baumreihen, die in perfekter Ordnung an Berghängen standen, und prachtvolle Singvögel schufen eine himmlische Harmonie. Auf einem mit Ambrosia gefüllten Teich trieben Lotusblüten. Engel ließen Blütenblätter niederschweben. Von einer Brise umfächelt, ruhten der Butsu und seine Anhänger gelassen auf dem Boden.

Der im 12. Jahrhundert lebende Mönch Honen lehrte, daß das Paradies jedem offenstehe, der gläubig die Andachtsformel *nembutsu* in Anbetung des Amida wiederholte.

Ein drittes Paradies, Tosotsuten („Freudvolle"), gehörte zum Buddha Miroku (oder Maitreya), welcher dereinst auf die Erde kommen wird. Tosotsuten lag im Himmel; manchmal konnten die Gläubigen dieses Paradies in einer Vision erschauen.

Bishamon, buddhistischer Welthüter des Nordens. Holzstatue, 18. Jh.

Die Zeugung der Welt

Die siebte ehrwürdige Generation von Himmelsgöttern in Takama-no-hara, dem Hohen Himmelsgefilde, waren Izanagi („Der einladende Mann") und Izanami („Die einladende Frau"). Ihre göttliche Bestimmung sollte es sein, die wunderschönen, vom Meer umschlungenen Inseln von Yamato (Japan) auf der Erdenwelt zu erschaffen.

Die älteren Himmels-*kami* gaben Izanagi und Izanami einen prächtigen Speer mit glänzender Klinge und kühlem, mit glitzernden Edelsteinen geschmücktem Korallenschaft. Das Paar stellte sich auf den majestätischen Regenbogen, die Schwebebrücke Ama-no-Hashidate, und Izanagi schleuderte seinen Speer ins Urmeer, auf dem noch immer die gestaltlose Erdenwelt wie ein Ölfleck umhertrieb. Das Wasser dickte sich ein, und als Izanagi den Speer herauszog, verfestigte sich ein Tropfen und bildete die erste Insel Japans, Onogoro („Die von selbst geronnene Insel").

Izanagi und Izanami stiegen nun die steile, fein geschwungene Treppe des himmlischen Regenbogens hinab, um Fuß auf das Land zu setzen. Sie richteten einen heiligen Pfeiler auf und erbauten einen prächtigen Wohnsitz, der für ehrwürdige *kami*, wie sie es waren, angemessen war. Dann sahen sich Gott und Göttin voller Verlangen an. Nach einigen Berichten wußten sie nicht, wie sie den Geschlechtsakt vollziehen sollten, bis sie ein Paar Bachstelzen sahen, die heftig mit ihren Schwänzen wippten; Izanagi und Izanami taten es den Vögeln nach und vereinigten ihre Körper. In der *Kojiki*-Version erzählte Izanami ihrem Bruder-Gemahl, daß es eine Stelle gab, an der ihr etwas vom Körper fehle; darauf antwortete er, bei ihm gebe es eine Stelle, wo er etwas zuviel habe, und sie beschlossen, diese beiden Teile ineinanderzufügen. Dabei war es ihre göttliche Absicht, neues Land und neue Göttergenerationen zu schaffen.

Sie ersannen ein Ritual, mit dem sie ihre Hochzeit feierten: Während sie den heiligen Pfeiler von rechts umrundete, tat er es von links; wenn sie zusammentrafen, würden sie eins sein. Als Izanami dann auf der anderen Seite vor Izanagi stand, stieß sie bei seinem Anblick einen Freudenruf aus. Auch er war hoch erfreut, als er ihre Schönheit sah – doch er ermahnte sie, daß es sich für ihr Geschlecht nicht gezieme, als erstes zum anderen Geschlecht zu sprechen.

Die erste Frucht ihrer Vereinigung war nicht gelungen. Das Kind war mißgebildet, gestaltet wie ein Blutegel oder eine Qualle. Diesen Sohn legten die Eltern zärtlich in ein Schilfboot und ließen ihn davonschwimmen. Manchmal wird das Blutegelkind mit dem Gott Hiruko gleichgesetzt; dementsprechend wird in einer japanischen Legende Hirukos Name als „Blutegel-Kind" gedeutet. Hiruko kann aber auch ein Sonnengott gewesen sein, dessen Kult durch den von Amaterasu ersetzt wurde, als die Yamato-Sippe in Japan die Oberhand gewann *(Seite 13)*.

Izanagi und Izanami stiegen in das Hohe Himmelsgefilde hinauf, um von den Himmelsgöttern den Grund für die Mißgeburt zu erfahren. Durch Hellsehen ermittelten die anderen Himmelsgötter, daß es an der verschmutzenden Wirkung von Izanamis Fehlverhalten gelegen habe, als sie bei dem Ritual an dem Pfeiler voreilig als erste sprach. Da kehrte das Paar zurück und wiederholte die Zeremonie, doch diesmal verharrte Izanami in Schweigen, wie es sich gehörte, bis ihr Gemahl das Wort an sie richtete.

Izanagi und Izanami zeugen Japan

Nun zeugten sie gemeinsam die acht größten Inseln Japans. Gleichzeitig entstanden die kleineren Inseln des Archipels und ferne Länder aus Blasen im tosenden Meer. Als Izanagi die Inseln in Morgennebel gehüllt sah, atmete er tief ein und reinigte die Luft – sein Atem wurde zum Gott der Winde. Hunger quälte die Göttlichen, darum schufen sie den Reis-*kami*. Dann gebaren sie die Götter und Göttinnen der Berge, des Meeres, der Flußmündungen und der Bäume.

Doch bei der Geburt des Feuergottes Kagutsuchi erlitt Izanami starke Verbrennungen. Entsetzt sah Izanagi, wie seine geliebte Frau sich auf dem Boden wand. Da wußte er, daß sie zum Sterben verdammt war, und haderte mit dem grausamen Schicksal. Doch selbst ihr Tod und seine wilde Trauer führten noch zur Geburt vieler *kami*. Die vielen Varianten dieses Mythos nennen verschiedene Namen für jene Gottheiten. Einer Geschichte zufolge gebar Izanami noch kurz vor ihrem Tod eine Erdgöttin und eine Wassergöttin sowie eine Gottheit namens Wakamusubi („Junges Wachstum"), aus deren Leib Reis, Mais, Hirse, Hanf und Hülsenfrüchte wuchsen. Nach einer anderen Erzählung mußte sich die arme Izanami übergeben und spie dabei die Göttin Kanayama („Prinzessin Erzberg") aus, und sogar ihr Urin und ihr Kot wurden zu Gottheiten.

Izanagis Tränen

Auch die Tränen, die Izanagi beim Tod seiner geliebten Schwester-Gemahlin vergoß, verwandelten sich in Götter und Göttinnen. Zornentbrannt über die Geburt des Feuergottes Kagutsuchi, die ihm Izanami genommen hatte, zog er sein Schwert und hackte das Kind in drei (manche sagen: fünf) Stücke, aus denen neue Gottheiten entstanden. Die zahlreichen Blutstropfen des Kindes, die er dabei verspritzte, wurden zu Steinen im breiten Bett des Flusses, der durch das Hohe Himmelsgefilde floß. Noch heute sind sie als Sterne der Milchstraße zu sehen. Einer anderen Geschichte zufolge wurden aus dem zerstückelten Leib des Feuergottes die fünf Berggottheiten *(Seite 46)*.

Izanagi und Izanami stehen auf der Schwebebrücke des Himmels. Izanagi schleudert seinen Juwelenspeer in das Urmeer. Hängerolle, gemalt von Eitaku Kobayashi (spätes 19. Jh.).

Izanagi in der Unterwelt

Voller Trauer über den Verlust seiner geliebten Gemahlin beschloß Izanagi, ihr ins Yomi („Das dunkle Land der Toten") zu folgen. Er entdeckte, daß die Unterwelt der Erdenwelt ähnelte, doch von Finsternis erfüllt war. Die Bewohner von Yomi waren an das Dunkel gewöhnt, doch für jeden, der von der sonnenhellen Welt kam, war es ein Ort des Grauens.

Nur der Gedanke an die zierliche Gestalt und das zauberhafte Wesen seiner Frau konnte Izanagi bewegen, in das Schattenreich einzutreten. Nach langem Suchen entdeckte er Izanami. Er erkannte sie an der Stimme, konnte sie aber wegen der Dunkelheit nicht sehen. Mit bebender Stimme flehte er sie an, mit ihm in die Welt der Lebenden zurückzukehren. Doch sie hatte nur harte Worte für ihn und warf ihm vor, zu lange mit der Suche nach ihr gezögert zu haben. Inzwischen habe sie die dunkle Nahrung der Unterwelt gegessen und sich dadurch mit den Toten verbündet; sie könne nicht in die Erdenwelt zurückkehren.

Izanagi sagte dann, sie wolle sich nun niederlegen und schlafen und bat ihren Gemahl, sie nicht weiter zu stören. Halb wahnsinnig vor Kummer und wütend, daß sie sich weigerte, mit ihm zu gehen, wartete Izanagi, bis Izanami schlief, nahm dann den Kamm, mit dem er sein langes Haar hielt, brach den Endzahn heraus und zündete ihn an. Seine Fackel sandte einen hellen Lichtschein aus, so daß die Schatten und die drängelnden Dämonen davonhuschten.

In der Düsternis erkannte er den auf dem Boden liegenden Körper seiner Frau, und als er die Fackel höher hielt, wurde ihm bei ihrem Anblick übel. Denn ihr Körper war eine riesige Fäulnismasse, in der es von Maden wimmelte. Mittendrin saßen acht Donnergottheiten; Inkarnationen des unterirdischen Grollens, das bei Erdbeben zu hören ist.

Entsetzt schrie Izanagi auf. Als er den Anblick nicht mehr ertrug, warf er die Fackel fort und hastete durch die trübe, schmutzige Finsternis davon. Izanamis schrille Flüche verfolgten ihn, denn sie war von seinem Schrei erwacht und zutiefst beschämt und zugleich erbost, daß er sie dem Licht ausgesetzt hatte. Sie sandte ihm acht Shikome („Abscheuliche Weiber der Finsternis") hinterher. Deren Drohungen und Flüche hallten in den unterirdischen Gefilden wider, und eisige Schauer liefen Izanagi den Rücken hinunter.

Sein Schwert schwingend, rannte er um sein Leben. Dann hielt er inne und warf seinen Kopfschmuck auf den glitschigen Boden. Dort verwandelte er sich in einen Haufen dunkler Trauben, über die sich

Dämonische Darstellung von Raiden, einem der acht Donnergötter. Auf seiner Trommel wurden die schrecklichen Geräusche von Erdbeben und Gewittern geschlagen. Holz und Elfenbein, frühes 19. Jahrhundert.

Himmlisches Leuchten

Im „Nihongi" lautet der Mythos von der Zeugung Amaterasus und Tsukiyomis anders. Danach schuf Izanagi die „kami" der Sonne, des Mondes und der Unterwelt aus Spiegeln, bevor er sich zum erstenmal mit seiner Schwester-Göttin zum Zeugungsakt vereinigte.

Izanagi stand allein in Onogoro und wollte ein Kind zeugen, das die Welt regieren sollte. Zu diesem Zweck nahm er einen Spiegel aus Silberkupfer in die linke Hand, und als er hineinblickte, ging daraus eine Gottheit mit Namen Ohohirume hervor (wahrscheinlich ein anderer Name für Amaterasu, denn er bedeutet Große-Tag-Frau – damit ist die Zeit gemeint, zu der die Sonne auf der Höhe ihrer Kraft ist). Dann hob er einen gleichartigen Spiegel mit seiner rechten Hand hoch und zeugte mit seinem Blick Tsukiyomi, den Mondgott. Indem er in denselben Spiegel schräg von der Seite blickte, schuf er den Sturmgott Susano.

Die ersten beiden Gottheiten warfen über alles ein helles Leuchten. Izanagi setzte sie an das Firmament, von wo sie die ganze Erdenwelt erhellen sollten: Tsukiyomi schien nachts mit blassem Licht, und Ohohirumes Strahlen waren bei Tage zu sehen. Doch die dritte Gottheit, Susano, schien von Anfang an zum Zerstören bestimmt, ein Unheilbringer. Darum schickte ihn Izanagi in die Unterwelt Yomi, wo er über Hexen und Dämonen herrschen sollte.

die schrecklichen Weiber hermachten, während Izanagi weiterhastete. Doch sie hatten die Trauben rasch verschlungen und setzten ihre Verfolgungsjagd fort. Da warf Izanagi seinen Kamm auf den Boden, und es bildeten sich Bambusschößlinge. Die Rasenden rissen sie heraus und aßen sie.

Danach jagte Izanami selbst hinter Izanagi her. Er war schon fast in Sicherheit, denn er hatte die Grenze Yomis erreicht. In der *Nihongi*-Version wird erzählt, daß er anhielt und gegen einen großen Baum urinierte, woraufhin ein riesiger Fluß entstand, der die Verfolger tatsächlich aufhielt. In einer anderen Geschichte wurde Izanagi von Yomis Kriegern gejagt; er hielt sie aber in Schach, indem er sie mit Pfirsichen bewarf, die am Wege wuchsen. Dann hob er einen Felsblock auf und versperrte damit die Grenze zwischen der Welt der Toten und jener der Lebenden. Auf der anderen Seite hörte er Izanami keuchen.

Das kalte Gewicht des gewaltigen Felsens lag zwischen den beiden, als Izanagi erklärte, er wolle die Scheidung von Izanami. Da entgegnete sie, wenn er das tue, werde sie jeden Tag 1000 Menschen töten. Darauf erwiderte er, dann werde er 1500 das Leben schenken. So kam der Tod in die Welt; doch unter Izanagis Schutz erblicken mehr Menschen das Licht der Welt als durch die Wut Izanamis sterben.

Im hellen Tageslicht sah Izanagi den Schmutz der Unterwelt auf seiner Haut. Angeekelt warf er seinen Wanderstab, seine Schuhe und Kleider fort, und aus allem wurden neue Gottheiten. Er tauchte in einen sanft strömenden Fluß und dann ins offene Meer, um sich zu reinigen. Nach uralter Tradition nehmen die Trauernden noch heute bei einem japanischen Begräbnis rituelle Reinigungen vor.

Später wusch Izanagi sein linkes Auge, aus ihm entstand die Göttin Amaterasu. Aus seinem rechten Auge ging der Gott Tsukiyomi hervor, und aus seiner Nase, die er bei dem Versuch, den verhaßten Gestank der Unterwelt fortzuspülen, mit Unmengen Wasser wusch, gebar er den Gott Susano.

Amaterasu und Susano

Izanagi hatte sich nach der Rückkehr ins Diesseits den Schmutz der Unterwelt abgewaschen. An die durch ihn entstandenen wichtigen Gottheiten gewandt, nahm er sein kostbares und heiliges Juwelenhalsband ab und überreichte es der Göttin Amaterasu zum Zeichen dafür, daß er ihr als Sonnengöttin die Herrschaft über den Himmel verlieh.

Den hellhäutigen Tsukiyomi machte Izanagi zum Herrscher über die Nacht und den Mond. In dieser Erzählung waren Amaterasu und Tsukiyomi, Sonne und Mond, liebevolle Gatten, doch als Tsukiyomi die Nahrungsgöttin tötete *(Kasten Seite 41)*, zerstritten sie sich, was erklärt, warum sie nur selten zusammen zu sehen sind. Indessen wurde Susano zum Herrn des ruhelosen Meeres und (in anderen Varianten der Geschichte) auch des Erdreichs bestimmt – obwohl ihm später als Strafe die Unterwelt zugeteilt wurde *(Seite 44)*.

Susano steigt zum Himmel hinauf

Amaterasu und Tsukiyomi nahmen die ihnen zugewiesenen Plätze im Hohen Himmelsgefilde ein, aber im Mittelland der Schilfgefilde, wie die Erde hieß, richtete Susano nichts als Unheil an. Unaufhörlich weinte und schimpfte er über Izanagi; in einigen Erzählungen – die ihn als Herrn der Erde darstellen – vernachlässigte er seine Pflichten. Das Laub, das die steilen Berghänge feucht hielt, und die zarten Blüten an den Bäumen verwelkten während seiner Herrschaft.

Als Izanagi sich erkundigte, was denn los sei, beklagte sich Susano darüber, daß sein Aufenthalt auf der Erde nicht nach seinem Geschmack sei. Sein Wunsch sei es, der Mutter in das unter der Erde gelegene Reich zu folgen. Ärgerlich gab Izanagi dem Wunsch seines Sohnes nach und schickte ihn ins Yomi.

Izanagi, dessen göttliches Geschick sich erfüllt hatte, beschloß nun, sich zurückzuziehen. Einer Geschichte zufolge stieg er wieder in den Himmel auf und lebte in der Nähe seiner Tochter Amaterasu im Sonnenpalast. In anderen Varianten heißt es, er habe seinen Wohnsitz in Taga auf der Insel Honshu genommen, wo er noch heute verehrt wird.

Zuvor aber erklärte Susano, bevor er ins Totenreich hinabsteige, wolle er noch einmal ins Hohe

Echo eines uralten Geschwisterstreits

Es wird vermutet, daß der Mythos von Amaterasus Streit mit Susano einen Kampf widerspiegelt, der tatsächlich zwischen einer Priesterin und ihrem Bruder im prähistorischen Japan stattgefunden hat.

In den Annalen der im 3. Jahrhundert in China herrschenden Wei-Dynastie kann man Berichte über Bürgerkriege in Japan lesen, die nach dem Tode von Himeko, der Priesterin und Königin des Reiches Yamato, ausbrachen.

Der chinesischen Geschichtsschreibung zufolge kam es zu Konflikten, als Himekos jüngerer Bruder den Thron bestieg; sie wurden erst beendet, als Himekos Tochter an seiner Stelle die Herrschaft über das Reich ihrer verstorbenen Mutter antrat.

Wahrscheinlicher ist aber, daß der Mythos auf einen Clan-Streit im frühen Japan Bezug nimmt. Amaterasu war eine große Göttin der Yamato-Sippe und wurde als Ahnin von Japans mythischem ersten Kaiser Jimmu verehrt. Susano hingegen wurde von den Feinden der Yamato-Sippe in der Provinz Izumo angebetet. Als die Mythen von Susano und Amaterasu niedergeschrieben wurden, hatte die Yamato-Sippe ihre Gegner in Izumo besiegt und versuchte nun, ihren Herrschaftsanspruch zu legitimieren, indem sie Amaterasu über Susano stellte. Derartige Rechtfertigungmythen sind nicht selten.

Himmelsgefilde, um sich von seiner Schwester Amaterasu zu verabschieden. Auf dem Weg dorthin ließ seine ungestüme männliche Kraft das Meer erdröhnen und die Erde heftig erbeben.

Im Himmel stand Amaterasu. Als sie den Aufruhr hörte und Susano durch die hohen Wolken und die treibenden Nebel heranstürmen sah, wußte sie – da sie seine wilde Natur kannte –, daß ihr Bruder Böses im Schilde führte. Ihr Antlitz verfinsterte sich; sie war sich sicher, daß Neid ihn herauftrieb und daß er kam, um ihr das himmlische Reich streitig zu machen.

So gürtete sie sich für den Kampf, steckte ihr Haar und ihre Röcke hoch und wand sich das Band aus dunklen Juwelen um den Kopf und die Handgelenke. Dann ergriff sie ihren großen Köcher, ihren Kriegsbogen und ihr Schwert, das im Licht des Himmels hell aufblitzte, und erwartete ihn, gerüstet als fürchterliche Kriegerin. Ihre Stärke war so gewaltig, daß, wenn sie aufstampfte, ihre mächtigen Beine einsanken wie die eines galoppierenden Hengstes im Schaum des Meeressaums.

Der Fudschijama, der heiligste Berg Japans, erhebt sich über herbstlichen Suzuki-Gräsern und erinnert an die uralte Vorstellung der Japaner vom Mittelland der Schilfgefilde. Der heilige Berg war die Heimat von Sengen-Sama, der Göttin der Blüten.

Der Zeugungswettstreit

Amaterasu forderte ihren Bruder mit kühnen Worten zum Kampf, doch dieser machte ihr Vorwürfe, denn er sei doch nur gekommen, um sie ein letztes Mal zu besuchen, bevor er für immer in die finstere Totenwelt hinabsteige. Sie verlangte Beweise, daß er in guter Absicht kam, und so schlug er vor, sie sollten um die Wette göttliche Kinder erzeugen. Wer heißblütige männliche Nachkommen zeuge, so meinte er, dessen lautere Absichten seien bewiesen.

Amaterasu erbat sich Susanos mächtiges Schwert und gab ihm dafür Magatama, die Perlenschnur, die sie im Haar trug. Andächtig wuschen sie die Klinge und die Perlen im Ameno-mana, dem tiefen Himmelsbrunnen. Dann zerkaute Amaterasu das Schwert mit ihren kräftigen Zähnen und atmete einen zarten

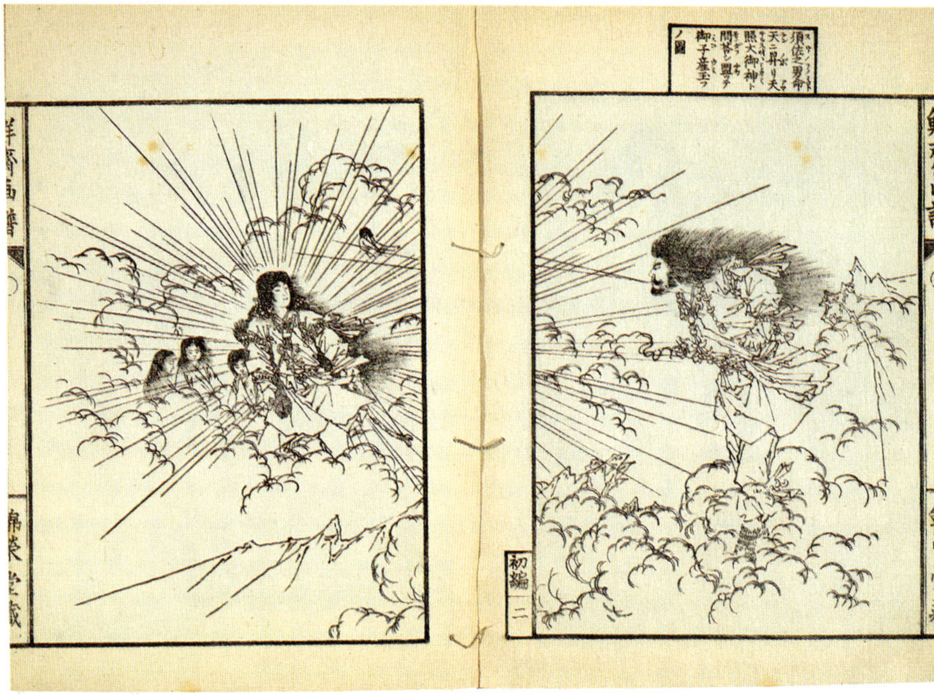

Der Druck aus dem 19. Jahrhundert stellt den Konflikt zwischen den beiden elementaren Naturkräften dar, die in Amaterasu und Susano Gestalt fanden. Hier steht Amaterasu neben einigen ihrer Webemädchen, mit denen sie in der himmlischen Halle die Gewänder der Götter oder gar das Gewebe des Kosmos selbst herstellte.

Dunst aus, aus dem drei anmutige Göttinnen entstanden. Susano zerkaute die Perlen und atmete einen wolkigen Dunst aus, der sich zu fünf starken männlichen Gottheiten verdichtete.

Dieses von Susano aus Amaterasus Perlen geschaffene Götterquintett sollte für eine ruhmreiche Zukunft als Hüter des Himmelsreiches bestimmt sein, während das Göttinnentrio, das Amaterasu aus dem Schwert ihres Bruders gebildet hatte, das Land Japan im Mittelland der Schilfgefilde beschützen sollte. Diese acht Götter wurden in späteren Zeiten als Vorfahren von Jimmu, dem legendären ersten Kaiser Japans, und von Japans führenden Familien verehrt.

Nach seinem Sieg verkündete Susano, daß seine Redlichkeit nun wohl erwiesen sei. Doch Amaterasu beharrte darauf, daß in Wahrheit sie die Siegerin sei, da die Götter aus ihren Perlen entstanden seien.

Susanos Rache

Susano war empört und sann auf Rache. Auf seinem Weg durch den Himmel verbreitete er Chaos, ähnlich wie ein heftiges Gewitter, das über eine Ebene hereinbricht. Er verwüstete die himmlischen Reisfelder, zerstampfte den Boden und zerstörte die Brunnen und Bewässerungsgräben. Dann verunreinigte er die Heilige Halle, wo die Bewohner der Hohen Himmelsgefilde in jedem Herbst das Erntefest feierten, mit seinen stinkenden Exkrementen.

Manchen Erzählungen zufolge blieb Amaterasu angesichts der Provokationen Susanos gelassen und entschuldigte sich sogar bei den anderen Göttern für das ungebührliche Benehmen ihres Bruders. Doch als nächstes beging Susano eine unentschuldbare Untat. Er griff die Heilige Webehalle an, in der Amaterasu und ihre Webemädchen bei der Arbeit saßen.

Es gehörte zu den Aufgaben der Göttin, prächtige Gewänder für die Gottheiten des Himmels zu weben, und viele Frauen halfen ihr dabei. Manchen Berichten zufolge machten die Webemädchen auch die Kleider, die in der Erdenwelt von den Priesterinnen des kaiserlichen Sonnenkults getragen wurden; es wurde auch erzählt, daß ihre Schöpfung das Universum selbst sei, das sich allmählich ausdehne, während sie an ihren Webstühlen arbeiten würden.

An jenem Tag wurden die Mädchen vom hereinstürmenden Susano bei ihrer heiligen Arbeit gestört. Er hatte ein himmlisches Pferd gestohlen und geschunden, ihm das scheckige Fell vom Rücken gerissen und es in die Webehalle geworfen – die Flecken des Fells werden von manchen für die Sterne des Nachthimmels gehalten. Eine von Amaterasus Dienerinnen verlor in dem Tumult ihr Leben, als sie vor Schreck aufsprang und sich mit dem Schiffchen ihres Webstuhls tödlich verletzte. Entsetzt floh Amaterasu aus der Halle und versteckte sich in einer Höhle, die als Ama-no-Iwato („Himmlische Felsenhöhle") bekannt ist.

Eine wundersame Ernte

Die große Sonnengöttin Amaterasu sandte ihren Bruder, den Mondgott Tsukiyomi, zur Erde, um der Nahrungsgöttin Ogetsuno seine Aufwartung zu machen. Die göttliche Begegnung nahm zwar ein gewaltsames Ende, brachte jedoch eine ertragreiche Ernte hervor.

Ogetsuno lebte im Mittelland der Schilfgefilde – der Erde –, wo sich eines Tages Sterbliche ansiedeln sollten. Tsukiyomi stieg vom Himmel herab, um der Göttin einen Besuch abzustatten. Als sie einen so ehrwürdigen Besucher nahen sah, brachte sie aus ihrem Körper Nahrung hervor, mit der sie ihn bewirten wollte.

Sie drehte ihren Kopf zum Land hin, und Reis quoll aus ihr hervor; dann wandte sie das Gesicht zum Ozean und erzeugte viele Fische und andere Meeresgeschöpfe. Sie blickte zu den schneebedeckten Bergen, und alle Tiere des Festlands, mit weichem Fell oder harten Borsten, drangen aus ihren Körperöffnungen.

Tsukiyomi fand es widerwärtig, daß sie ihm Nahrung aus ihrem Körper anbot, und zog vor Ärger sein Schwert. Mit einem einzigen Hieb streckte er die Göttin nieder und kehrte grunzend vor Zufriedenheit in den Himmel zurück. Doch als er Amaterasu von seinem Abenteuer berichtete, war sie sehr erzürnt, und seit jenem Tage sah man die Sonne und den Mond nur noch selten zusammen.

Amaterasu schickte nun eine andere Gottheit, Amekumabito, zur Nahrungsgöttin; man vermutet, daß er möglicherweise in Gestalt einer Wolke erschien, denn Wolken waren häufig Götterboten in der japanischen Mythologie. Er sah, daß der Mondgott die Nahrungsgöttin tatsächlich getötet hatte; doch bei ihrer Leiche fanden sich viele gute Dinge, wie auf einem fruchtbaren Acker. Auf ihrer Stirn wuchs Hirse, auf ihrem Leib Reis, aus ihrer Scham Weizen und Bohnen. Auf ihren Augenbrauen lagen Seidenraupen-Kokons und um ihren Kopf herum liefen die Vorfahren jener zähen Tiere, die bei der Feldarbeit helfen: der Ochse und das Pferd.

Die Wiederkehr der Sonne

Als Amaterasu fort war, senkte sich Finsternis über das Himmelsgefilde und auf das darunterliegende Japan. Alles Leben erlosch, und die Ernte mißriet; Tag und Nacht waren wie eins. Die „800 Myriaden Gottheiten" sahen, daß die Ordnung auf Erden wiederhergestellt werden mußte. Sie versammelten sich am Ufer des Himmelsflusses, um darüber zu beraten, wie sie die Sonnengöttin aus ihrem Versteck hervorlocken könnten.

Die Götter gingen zu Omohi-kane, der für seine Weisheit und Vernunft bekannt war. Auf seinen Rat hin holten sie ein paar Hähne, die heiligen Vögel der Sonnengöttin, die – in normalen Zeiten – allmorgendlich deren Ankunft verkündeten. Dann gaben sie bei Tamahoya eine prachtvolle Juwelenschnur und bei Ishikori-dome einen achtseitigen Spiegel in Auftrag.

Als nächstes holten sie einen heiligen Sakaki-Baum, der in der dünnen Luft eines Bergrückens gewachsen war, und stellten ihn vor die Höhle, in die sich Amaterasu zurückgezogen hatte. An seine Zweige hängten sie den glänzenden Spiegel, die funkelnden Juwelen und lange Streifen farbigen Stoffes. Mehrere Gottheiten versammelten sich vor der Höhle; sie vollzogen Andachtsübungen und heilige Rituale. Dann verbarg sich Ameno Tajikarawo, der enorme Körperkräfte besaß, neben dem Höhleneingang.

Die Göttin der Morgenröte, Ama-no-Uzume, trat hinzu, nur spärlich bekleidet mit einem leichten Gewand, das aus Pflanzen und Bändern gemacht war. Sie stellte einen kleinen Eimer umgedreht vor die Tür zur Höhle, gleich neben den heiligen Sakaki-Baum. Dann entzündete sie heilige Feuer und begann mit einer Beschwörung. Der Spiegel, die in den Baum gehängten Stoffstreifen und die Feuer, welche die Göttin entfachte, sollten später zur traditionellen Ausstattung der Shinto-Schreine gehören.

Ama-no-Uzume stieg auf den Eimer und begann einen erotischen Tanz, als müßte sie einen hochgestellten Krieger oder Priester verführen. Langsam schwang sie die Hüften und bewegte rhythmisch den Leib, während sie dazu mit den Füßen stampfte. Die vor der Höhle versammelte Götterschar klatschte und jubelte ihr zu. In Ekstase entblößte sie ihre Brüste und ließ dann das ganze Gewand fallen, so daß sie nackt vor ihnen stand. Die Götter schien diese Schamlosigkeit zu erheitern, denn sie lachten aus vollem Halse, so laut, daß der Himmel erbebte, als wolle er das In-

Amaterasu tritt aus ihrer Höhle Ama-no-Iwato heraus, und das Licht kehrt in die Welt zurück. Die Geschichte geht vielleicht auf eine frühe Sonnenfinsternis zurück. Triptychon, 19. Jahrhundert.

Spiegel der Vollkommenheit

Spiegel gibt es in jedem Shinto-Schrein. Sie gehören neben einem Halsband und einem Schwert zu den drei Hauptemblemen der Religion. Nach alter Überlieferung ist der Spiegel, der im Haupttempel Amaterasus in Ise verehrt wird, derselbe, den sie sah, als sie aus ihrer Felsenhöhle heraustrat.

Die Klarheit der Spiegelfläche und die Schärfe des Spiegelbildes versinnbildlichen ein Ideal für die Gläubigen, die bemüht sind, verzerrende Wolken der Leidenschaft aus ihrem Geist und ihrem Herzen zu verbannen, um der Gottheit ein ungetrübtes Bild ihrer Seele darbieten zu können.

Das *Kojiki* berichtet, daß Izanagi seinen Kindern einen Spiegel gab, damit die sich morgens und abends darin betrachteten; sie sollten ihre Sinne auf das Göttliche und Klare richten und alles Böse verbannen, dann würde ihr Spiegelbild ein reines Gewissen reflektieren.

Oft hieß es, ein Spiegel enthalte die Seele seines Besitzers. Eine beliebte Geschichte handelt davon, wie eine Frau so schwer erkrankte, daß ihre ganze Schönheit zerstört wurde. Ihre Tochter pflegte sie aufopferungsvoll, doch die Mutter war nicht zu retten. Vor ihrem Tod vermachte sie der Tochter einen Spiegel, den sie von ihrem Gemahl, dem Vater des Mädchens, einst als Hochzeitsgeschenk bekommen hatte. In diesem Spiegel fand die Tochter Trost, denn er zeigte die Mutter als die junge und schöne Frau, die sie gewesen war.

Amaterasu wurde mit Hilfe eines Spiegels wieder aus ihrem Versteck gelockt; wegen dieser Assoziation gehörten Bronzespiegel lange Zeit zu den Hauptinsignien des Shintoismus. Dieser lotusförmige Bronzespiegel, dessen hier gezeigte Rückseite mit einem Relief von Blumen und Schmetterlingen verziert ist, stammt aus der Muromachi-Periode, 15. bis 16. Jahrhundert.

nere nach außen kehren. Zur selben Zeit begannen die von den Göttern mitgebrachten Hähne zu krähen.

Tief im Innern der Höhle hörte Amaterasu die Hähne und spürte, wie das Gelächter der Götter den Boden erschütterte. Sie wunderte sich über diese Freude, denn sie wußte, daß ohne ihr Licht tiefe Nacht und trostlose Unfruchtbarkeit im Himmel und auf Erden herrschten. Vorsichtig öffnete sie die Höhlentür einen Spalt und erkundigte sich von drinnen nach der Ursache des Lärms. Ama-no-Uzume antwortete listig, die Götter seien so fröhlich, weil sie eine Herrin bei sich hätten, die noch verehrungswürdiger sei als Amaterasu. Nun konnte Amaterasu ihre Neugier nicht mehr zügeln. Sie trat heraus und erblickte sich in dem Spiegel, den die Götter in den Sakaki-Baum gehängt hatten. Sie trat näher – und betrachtete ihre eigene strahlende Pracht, die sie noch nie zuvor gesehen hatte.

In diesem Augenblick sprang der kraftvolle Ameno Tajikarawo vor und ergriff ihre Hand, so daß sie nicht wieder in die Höhle zurückkehren konnte. Ein anderer Gott stürzte herbei und spannte ein *shirukume* – ein Zauberseil aus Reisstroh – vor den Eingang zur Höhle.

Helligkeit strömte von Amaterasu aus. Unter ihren warmen Strahlen kehrte die Fruchtbarkeit auf die Reisfelder der himmlischen und irdischen Gefilde zurück. Die Ordnung war wiederhergestellt. Zwei ehrwürdige Gottheiten, Amenokoyame und Futotama, verbeugten sich vor Amaterasu und baten sie inständig, fortan bei ihnen zu bleiben und nie wieder ihren hellen Glanz zu verbergen.

Dann saßen die Götter über Susano zu Gericht. Ihr Zorn auf ihn war gewaltig, denn er hätte Himmel und Erde in eine Katastrophe stürzen können. Sie bestraften ihn schwer, ließen ihm den Bart scheren und die Zehen- und Fingernägel abschneiden. Sie zwangen ihn, die bei Reinigungsritualen üblichen Formeln zu sprechen und Speichel und Nasenfluß als Opfergaben darzubringen. Dann verbannten sie ihn für immer und ewig aus dem Himmel. Sie verboten ihm, auf der Erde zu verweilen, und vertrieben ihn in die finstere und unwirtliche Unterwelt.

Ordnung und Chaos

Manche Gelehrte legen Amaterasus Verschwinden als mythologische Deutung einer Sonnenfinsternis aus, während andere – auf Susanos Entweihung der für das Herbstfest genutzten Halle verweisend – darin eher einen Mythos über Winter und Frühling sehen. In vielen Kulturen werden sexuelle Zügellosigkeit mit bäuerlichen Fruchtbarkeitsritualen in Verbindung gebracht. Ama-no-Uzumes obszöner Tanz könnte zu einem Ritual gehören, mit dem die Sonne aus dem winterlichen Exil zurückgeholt werden sollte.

Ama-no-Uzume, die Göttin der Morgenröte, der es gelang, Amaterasu hervorzulocken, könnte mit dem Buddhismus nach Japan gekommen sein. Manche sehen in ihr eine entfernte Verwandte der Göttin der Morgenröte, die in der indoeuropäischen Mythologie zur griechischen Göttin Eos wurde und die im indoarischen *Rigveda* (um 1000 v. Chr.) als Ushas gepriesen wurde. Der göttliche Streit zwischen Amaterasu und dem Sturmgott Susano wiederum versinnbildlicht den Konflikt zwischen der Weltordnung in der Gestalt der Sonnengöttin und der Macht des Chaos. Die japanischen Mythen wurden erstmals im *Kojiki* zum Ruhme der kaiserlichen Familie niedergeschrieben, und so gesehen könnte es die Absicht gewesen sein, mit Amaterasus Sieg die Rechtmäßigkeit des Machtanspruchs der Dynastie zu symbolisieren und zu bekräftigen, daß ihre Herrschaft der richtigen und guten Ordnung der Dinge entsprach.

Ein Fest der Liebe

Es gibt in der japanischen Mythologie nur wenige Geschichten über Sterne. Eine Erzählung – die aus China stammt, wo sie „Der Hirte und das Webermädchen" hieß – betrifft die Erschaffung der Milchstraße, die in jedem Jahr am 7. Juli mit dem Tanabata-Fest gefeiert wird.

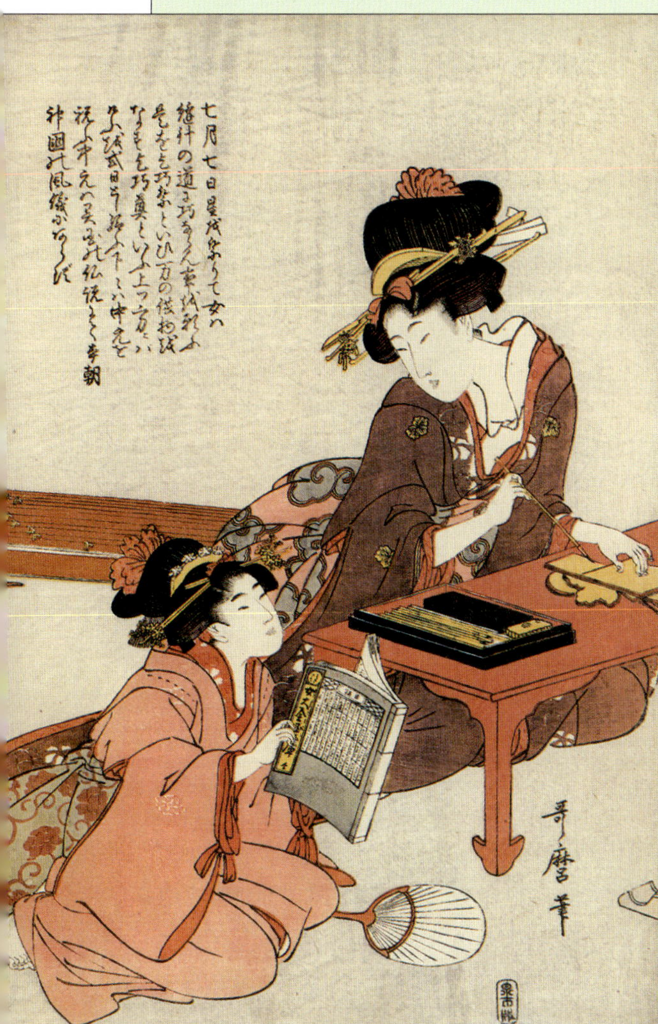

In dieser romantischen Geschichte geht es um die Liebe zwischen einem stattlichen Hirten und einer hübschen Weberin. Das Mädchen war eine Göttin – in der chinesischen Vorlage war ihre Großmutter die Gottheit Xi Wang Mu, in der japanischen Version war ihr Vater der Himmelsgott. Der Vater ärgerte sich über die Liebe seiner Tochter und beorderte sie in die Himmelsgefilde zurück. Der Hirte folgte ihr. Da erschuf der Vater den großen Himmelsfluß der Milchstraße, um dem ungebetenen Liebhaber den Weg zu versperren.

Aber schließlich beeindruckte die hingebungsvolle Liebe des Hirten den Gott doch, so daß er den Liebenden erlaubte, einmal im Jahr – am siebten Tag des siebten Monats – den Fluß über eine von Elstern gebildete Brücke zu überqueren. Dann verbrachten sie gemeinsam eine Sommernacht.

Das Mädchen hieß Tanabata und entsprach dem in Japan nach ihm benannten Sternbild – in der westlichen Welt ist es die Wega im Sternbild Leier. Vor allem Frauen und Mädchen begehen dieses Fest romantischer Liebe. In der Tanabata-Nacht hängen sie Zettel und Woll- oder Baumwollfäden in die Bäume. Auf das Papier schreiben sie Verse über das göttliche Liebespaar oder Bitten um Erfolg in ihren eigenen Herzensangelegenheiten. Auch gießen sie Wasser in eine Schale und beobachten den Widerschein der Sterne im Wasser; dann werfen sie Blätter des Kaji-Baums in die Schale und suchen in den Bewegungen des Wassers und der Blätter nach einem göttlichen Zeichen hinsichtlich ihrer Chancen in der Liebe.

Auf diesem Druck von Utamaro wird einem jungen Mädchen von Tanabata erzählt (18. Jahrhundert).

Gottheiten in der Natur

In der japanischen Schöpfungsmythologie und dem himmlischen Streit zwischen Amaterasu und Susano spielen die meisten der unzähligen Shinto-Götter keine Rolle. Ihre Aufgabe ist eine andere: Sie verkörpern die Erscheinungsformen und die Kräfte der Natur und des Lebens.

Als Izanagi den Feuergott, der Izanamis Tod verschuldet hatte, wutentbrannt erschlug, hackte er ihn mit fünf glatten Hieben seines Schwertes in Stücke, und diese verwandelten sich zu fünf Berggottheiten. Der erste war Oyamazumi, der Herr der Berge, der zweite Nakayamazumi, der *kami* der Steilhänge. Die anderen drei waren die Götter der oberen Hänge, der mittleren Hänge und des Bergfußes. Berge wurden seit jeher in Japan verehrt, und natürlich glaubte man, jeder heilige Gipfel habe sein *kami*. Der Fudschijama war der heiligste Berg, doch auch andere wie der Aso und Nantai wurden verehrt. Darüber hinaus gab es einen Felsengott namens Oiwa Daimyojin.

Wettergötter

An einsamen Steilhängen bei den Berggottheiten weilte der Regengott Taka-Okami. Weiter unten, wo die Hänge in dichtbewachsene Täler übergingen, wohnte Kura-Okami, der Herrscher über Schnee und Regenstürme. Wenn Regen gebraucht wurde, brachten die Gläubigen diesen Göttern Opfer dar. Ein anderer Gott, Takitsu-Hiko („Katarakt-Prinz"), lebte in Gestalt eines Felsens auf dem Berg Kaminabi in Izumo. War er gnädig gestimmt, schickte er Regen vom Himmel, wenn eine Dürre die Erde quälte.

Susano war für Stürme und Gewitter zuständig, doch es gab noch andere Donnergötter – darunter vor allem Kaminari, der in vielen Shinto-Schreinen verehrt wurde. Ein Schwert, Symbol des Blitzes, hing in den Kaminari geweihten Schreinen als *shintai* – ein Gegenstand, in den der Gott während der Riten einzog.

Vom Blitz gefällte Bäume wurden nicht als Bauholz verwendet, weil sie vom Gott auserwählt waren. Nach einer Chronik des 7. Jahrhunderts erregte ein

Die Schlucht bei Sounkyo auf Hokkaido ist erfüllt von *kami*, der heiligen Kraft der Götter von Bergen und Wasserfällen.

Beamter, der dieses Tabu mißachtete und den Befehl zum Zersägen des Baumes gab, Kaminaris Zorn. Der Gott entfesselte ein heftiges Unwetter, und der Sturm fegte krachend durch den Wald, so daß der Beamte um sein Leben laufen mußte.

Wasser und Wind

Jeder Fluß besaß sein eigenes *kami,* und selbst den Quellen und Brunnen wurden lebendige, unsichtbare Gottheiten zugeschrieben. Der Gott der Brunnen war Mii, der das Wasser der Erde schenkte oder es zurückhielt. Izanagi schuf viele Meeresgötter, als er sich nach seinem Abstieg in die Unterwelt badete *(Seite 31);* der wichtigste Meeresgott aber war Watazumi.

Shinatsu, der Gott süßer Winde, entsprang dem Mund Izanagis, als dieser den Dunst wegblasen wollte, der allmorgendlich über dem schönen Japan hing. Seine Geliebte war die zart duftende Göttin Shinatobe. Tatsuta und seine Göttin Tasuta waren ebenfalls Windgötter, denen die Fischer und Seefahrer großen Respekt entgegenbrachten – denn die Herrscher der Winde konnten, wenn sie verärgert waren, einer Flotte rasch den Untergang bringen. Gewalttätig und sehr gefürchtet war Hayatsumuji, der Gott der Wirbelstürme.

Landschaft voller Götter

Auf dem festen Land hatten sogar die Straßen Götter, welche die Macht besaßen, von ihren Anhängern Unheil abzuwenden. Als *shintai* der Straßengötter diente ein in die Erde gesteckter Stab – ein Phallussymbol. Diese Götter besaßen keine eigenen Heiligtümer, wurden aber zweimal jährlich an Kreuzwegen und Stadttoren verehrt. Manche Wissenschaftler sind der Ansicht, daß vor der Ankunft des Buddhismus im 6. Jahrhundert n. Chr. steinerne Phalli an Kreuzwegen üblich waren. Auch gibt es Anlaß zu der Annahme, daß in Reisfeldern ein Phallus aufgestellt wurde, der Schädlinge fernhalten sollte. Ein Kreuzweggott war Chimata, während Yachimata und Yachimatao als Gott und Göttin zahlloser Straßen verehrt wurden. Kunado war der Gott des Ortes, der gemieden werden mußte, und Funado der Gott des Ortes, der nicht geschändet werden durfte.

In ländlichen Gebieten hatten die Felder eine Göttin: Nuzuchi, deren Name „Prinzessin des Grases“ bedeutet. Es gab eine Schutzgottheit des Laubes und eine Gottheit, die in Baumstämmen wohnte. Der Reisgott war Inari, dargestellt als alter Mann, der gewöhnlich auf einem Sack Reis saß, neben sich zwei Füchse mit buschigem Schwanz – seine Boten. Manchmal wurde Inari aber auch als Göttin von großer Anmut gesehen, die gelegentlich mit der Göttin des Ackerbaus, Uganomitama, und manchmal auch mit der schönen indischen Göttin der Glücks und Liebe, Lakshmi, in Zusammenhang gebracht wurde. Insbesondere huldigte man Inari bei einem Frühlingsfest, das bei der Reis-Aussaat veranstaltet wurde. Inari galt als Schutzgottheit der Schwertschmiede und ebenfalls als Gottheit des Reichtums und Handels.

Die Sieben Glücksgötter

Die an Chinas Acht Unsterbliche erinnernden Shichi Fukujin, „Sieben Gottheiten des Glücks“ oder „der Freude“, wurden fast überall verehrt. Hotei, dessen dicker Bauch aus seiner Kleidung quoll, war im Grunde eine buddhistische Figur. Er war für seine Menschenfreundlichkeit bekannt und trug zum Beispiel Frauen durch Flüsse. Er hielt einen Fächer und schleppte einen Sack auf der Schulter.

Der alte Mann Jurojin trug Schriftrollen, auf denen das Wissen der Welt verzeichnet war. Seine Begleittiere waren eine Schildkröte, ein Kranich und ein Hirsch,

Die Sieben Glücksgottheiten – eine ist weiblich – werden meist in einem sogenannten Juwelenschiff dargestellt. Vier der Gruppe sind auf diesem Elfenbein-*netsuke* zu erkennen (spätes 19. Jh.). Ein *netsuke* ist ein geschnitzter Knopf, der an die Kleidung geheftet wurde und an dem man kleine Gegenstände befestigte.

Symbole eines langen Lebens. Wegen seines hohen Alters wird Jurojin auf einen Stock gestützt dargestellt.

Fukurokuju war von kleinem Wuchs und hatte einen großen, hohen Kopf. Er brachte Weisheit und lang anhaltendes Glück. Einst soll er Philosoph in China gewesen sein. Bishamon, eine weitere buddhistisch beeinflußte Figur *(Seite 33)*, trat in voller Rüstung auf und hielt in einer Hand eine kleine Pagode und in der anderen einen großen Speer.

Daikoku, Gott des Reichtums, saß auf Reissäcken und hielt einen Glückshammer in der Hand, der die Macht haben sollte, in tiefer Demut vorgetragene Bittgesuche zu erfüllen. Zwar stahlen Ratten seinen Reis, aber er bewahrte seine Heiterkeit.

Ebisu wurde als Gott der schweren Arbeit verehrt, insbesondere der von Seeleuten, Fischern und Händlern. Auf Bildern ist er an seiner Angel zu erkennen, und er hält einen Fisch in der Hand, meist einen Brassen. Die Göttin Benten war ebenfalls mit dem Meer, aber auch mit den Künsten verbunden. Die ihr geweihten Schreine wurden auf kleinen Eilanden oder an den Küsten der Hauptinseln errichtet. Dargestellt wurde sie mit einem Drachen oder einer Seeschlange.

Das Juwelenschiff

Diese sieben Glücksgötter spielen bei Japans traditionellen Festlichkeiten zum Neujahrsabend eine bedeutende Rolle, wenn nach dem Volksglauben das Takara Bune, das geisterhafte Juwelenschiff, alljährlich mit den Göttern an Bord in den Hafen segelt. Das Schiff hat kostbare Dinge *(takara-mono)* geladen, darunter einen Geldbeutel ohne Boden, einen heiligen Schlüssel und einen Glücksmantel. Am Neujahrsabend werden Bilder des Schiffes zum Verkauf angeboten, und Gläubige, die eines erwerben, legen es in die Schublade ihres Nachttischchens – in der Überzeugung, daß es ihnen Glück bringen wird.

Wo Shinto auf den Buddhismus trifft

Die Sieben Glücksgötter, die Shichi Fukujin, geben ein gutes Beispiel für die typisch japanische Verschmelzung religiöser Einflüsse, denn im alten Shinto hätten sie vermutlich keinen Platz gehabt. Sie scheinen in ihrer gegenwärtigen Form erst um das Jahr 1600 aufgetaucht zu sein. Elemente des Hinduismus, Buddhismus und chinesischen Taoismus vereinigen sich in diesen Gottheiten mit dem Shinto. Daikoku und Ebisu sind möglicherweise die einzigen, die aus der shintoistischen Tradition stammen.

Bereits viel früher – im 8. Jahrhundert – hatte sich Ryobu Shinto herausgebildet, eine Religion, die zu einer vollständigen Vermischung von Buddhas und Bodhisattvas mit den shintoistischen Göttern führte *(Kasten gegenüber)*. Ihre Entstehung wird dem Mönch Kobo Daishi (774–834) zugeschrieben. Zu jener Zeit wurde Amaterasu mit dem ewigen oder kosmischen Buddha Dainichi Nyorai oder Vairocana gleichgesetzt, und der Shinto-Kriegsgott Hachiman wurde auf eine Stufe mit dem Bodhisattva Dai Bosatsu gestellt.

Götter in der Geschichte

Eine Reihe von Persönlichkeiten der japanischen Geschichte – von denen manche historisch belegt sind, andere nicht – stiegen nach ihrem Tode zu Göttern des Shinto-Pantheons auf. Die meisten Geschichten ranken sich um den großen Kriegsherrn des 4. Jahrhunderts, Kaiser Ojin *(Seite 86–87)*. Zu Beginn des 8. Jahrhunderts ließ ihm Kaiserin Gemmyo einen Schrein in Usa errichten, wo er zum Kriegsgott Hachiman wurde. In neuerer Zeit gibt es zahlreiche Schreine zu seinen Ehren, in denen junge Männer Zeremonien abhalten, mit denen sie als Zwanzigjährige ihren Eintritt ins Erwachsenenleben feiern.

Zu einem anderen Shinto-Gott wurde der Staatsmann und Gelehrte Sugawara Michizane (845–903), der sein Leben in ungerechtfertigter Verbannung auf Kyushu verbringen mußte, nachdem seine Feinde ihm beim Kaiser verleumdet hatten. Der Legende zufolge liebte er den Pflaumenbaum, und in einer oft erzählten Geschichte heißt es, daß ein Pflaumenbaum seine Wurzeln selbst aus dem Boden gezogen habe und von einer frischen Brise aus dem Garten in Kyoto zum Ort des Exils geweht worden sei. Sugawara Michizane wurde zu Tenjin, dem Shinto-Gott der Literatur und Kalligraphie und Schutzgott der Gelehrten. Weil er einen Stier als Reittier benutzt haben soll, finden sich in seinen Schreinen häufig Bildwerke von Stieren.

Shinto hat immer wieder neue Gottheiten geschaffen. Noch im 20. Jahrhundert wurde Kaiser Meiji, der 1912 starb, im Shinto-Pantheon vergöttlicht.

Die Erleuchteten

Die Japaner folgten der Mahayana („Großes Fahrzeug") genannten Form des Buddhismus, in der Bodhisattvas – japanisch „bosatsu" – verehrt werden. Das sind Erleuchtete, die den Eintritt ins Nirwana hinausschieben, um Menschen zu helfen, die Erlösung vom Wiedergeburtenkreislauf zu erlangen.

Der Bodhisattva Kannon Bosatsu soll von grenzenlosem Erbarmen bewegt gewesen sein. Er war die japanische Version des Avalokitesvara der indischen Überlieferung. Kannon war eine Manifestation oder ein Schüler von Amida Buddha, des Erlösers der Menschheit und Hüters des Paradieses im Westen *(Seite 33)*. Er wurde in vielen Varianten dargestellt. Die drei wichtigsten waren: Sho Kannon, heiter und juwelengeschmückt, Senju Kannon mit tausend Armen und Ju-ichimen Kannon mit elf Köpfen.

Bodhisattvas haben keine Geschlechtsmerkmale; viele japanische Kannon-Figuren sehen weiblich aus, doch keine ist eindeutig als Frau dargestellt. Der Kannon-Kult stammt aus den frühen Tagen des japanischen Buddhismus; eine Bronzestatue von Kannon im Horyuji-Kloster wurde 651 geschaffen.

Der Bodhisattva Jizo Bosatsu wurde als Schutzpatron leidender Menschen – vor allem der Kinder, Schwangeren und Reisenden – verehrt. Im japanischen Buddhismus glaubte man, daß die Seelen der Toten zur Hölle fuhren, wo sie verurteilt und bestraft wurden; Jizo, voller Barmherzigkeit, galt als Freund und Wegbegleiter der Toten, der sich dafür einsetzte, daß Sündern ein Teil ihrer Höllenqualen erlassen wurde.

Inmitten der Schattenwelt der Hölle lag ein Flußufer namens Sainokawara, wo Kinder, die jung gestorben waren und deren Eltern nicht für ihre Wiedergeburt gebetet hatten, aus Kieseln am Strand Schreine bauten. Jizo beschützte und tröstete diese Kleinen wie ein Vater oder eine Mutter. Statuen zeigen Jizo oft im Kittel eines Kindes und mit einem Haufen Kieselsteinen vor den Füßen.

Ein weiterer beliebter Bodhisattva war Monju Bosatsu – anderswo als Manjusri bekannt. Dieser Erleuchtete war eine Inkarnation der höchsten Weisheit. Seine Bilder zeigen ihn oft auf einem Löwen sitzend und ein Schwert und ein Buch haltend.

Fugen Bosatsu – auch Samantabhadra genannt – wurde wegen seines Mitgefühls für Menschen verehrt, die gesündigt hatten. Abgebildet wurde er meist auf einer Lotusblüte sitzend, die von einem Elefanten mit sechs Stoßzähnen getragen wurde.

Fugen Bosatsu soll dem Mönch Shoku (910–1007) in Gestalt eines Höflings erschienen sein; dies war ein Zeichen dafür, daß die Weisheit des Buddhas selbst im Sünder zu finden ist.

Holzfigur eines Bodhisattva, der auf einer weißen Lotusblüte sitzt. Das Blumenmotiv steht oft für den Fudschijama, den heiligsten Berg Japans.

SUMO, DAS RINGKAMPF-RITUAL

Dem *Kojiki* zufolge erlangte das japanische Volk die Herrschaft über das Inselreich, als der Gott Takamimusubi in einem wilden Ringkampf Take-minakata, das Oberhaupt einer feindlichen Sippe, besiegte. Die Wurzeln des Sumo-Ringens reichen mehr als tausend Jahre in die Vergangenheit zurück. In der Anfangszeit handelte es sich um ritualisierte Schaukämpfe zu Ehren der Götter, die zusammen mit Tänzen und Schauspielen bei Erntefesten in den heiligen Bezirken der Schreine aufgeführt wurden. Und selbst heute, da das Sumo-Ringen von Berufskämpfern betrieben wird, spielen Rituale noch eine große Rolle. Die umfangreichen Vorbereitungen auf den Kampf, die zum Teil wohl auf die Samurai-Regeln der Feudalzeit zurückgehen, verdeutlichen die Shinto-Ursprünge und verstärken die Spannung im Publikum. Das Stampfen und Klatschen soll an die Handlungen der Götter erinnern, mit denen sie einst Amaterasu aus ihrer Höhle lockten *(Seite 42)*.

Links: Hotei, der Gott des Edelmuts, und Daikoku, der Gott des Reichtums, als Sumo-Ringer dargestellt. Elfenbein-*netsuke*, frühes 19. Jahrhundert.

Unten: Obwohl die Geschichte des Sumo-Ringens weit über tausend Jahre zurückreicht, gibt es erst seit dem 18. Jahrhundert regelrechte Wettkampf-Turniere. Die *rikishi* oder Ringer sind in Klassen eingeteilt; ihr Aufstieg in eine höhere Klasse erfolgt nach strengen Richtlinien, die sich einzig und allein an ihren Leistungen im Kampf orientieren. Hier sieht man, wie zwei *rikishi* in ihrem Trainingsring, *heya* genannt, üben. Teil eines Holzschnitt-Triptychons aus dem 19. Jahrhundert von Utagawa Kunisada.

Links: Der *rikishi* verstreut Salz im *dohyo* – dem Ring –, um böse Geister zu vertreiben. Bei einem anderen Reinigungsritual wird der *dohyo* mit Sake besprengt. Der *dohyo* befindet sich auf einem Podest und ist von umwickeltem Reisstroh begrenzt, dem *tawara.*

Unten: Nach der Reinigung gehen die *rikishi* in die Hocke und vollführen das *shikiri,* ein Ritual, das dem Ringkampf vorausgeht. Die zwei weißen Striche markieren die Stellen, an denen die beiden Ringer zu Beginn des Kampfes einander gegenüberhocken, bevor sie mit der ganzen Wucht ihres enormen Körpergewichts zusammenprallen. Es gibt achtundvierzig Griffe, mit denen ein Ringer versuchen muß, den Gegner zu Boden zu werfen oder aus dem Ring zu drängen.

菅原連三種之神器宝劔
鷲毛亭筆持
貞景

DIE GÖTTLICHE DYNASTIE

Jahrhundertelang glaubten die Japaner, daß ihr Kaiser anders als alle anderen Menschen sei, nämlich ein Gott auf Erden. Er war nicht nur von den Göttern auserkoren – was auch viele andere Völker von ihren Königen glaubten –, sondern er gehörte zudem als direkter Nachfahr der Sonnengöttin Amaterasu einer göttlichen Familie an. Erst im Jahre 1946, nach der Niederlage im Zweiten Weltkrieg, verzichtete der damalige Kaiser Hirohito auf seine Göttlichkeit.

Der göttliche Status des Kaisers ist zutiefst in der Tradition Japans verankert. Eine sowohl im *Kojiki* als auch im *Nihongi,* zwei mythologischen Texten aus dem 8. Jahrhundert, enthaltene Gruppe von Erzählungen beschreibt die Großtaten von Amaterasus Enkel und dessen Nachkommen, die in den Triumphen von Jimmu, Japans mythischem ersten Kaiser, gipfeln. Es war zweifellos das Hauptziel der Verfasser des *Kojiki* und des *Nihongi* – beide Werke sind die wichtigsten Quellen für die Erforschung der japanische Mythen *(Seite 15)* –, die göttliche Abstammung der japanischen Kaiserfamilie nachzuweisen und damit ihre Herrschaft als Teil einer von der Sonnengöttin für alle Ewigkeit für Japan festgelegten Ordnung zu legitimieren.

Die Himmelsgottheiten Izanagi und Izanami stiegen herab, um gemeinsam die Inseln Japans zu erschaffen, aber sie blieben nicht auf der Erde. Izanami wurde nach ihrem Tod in die Unterwelt Yomi verbannt, während Izanagi nach der vorherrschenden Version seines Mythos in den Himmel zurückkehrte. Die Erde blieb Myriaden von niederen Gottheiten überlassen. Als der ungestüme Susano im Himmel für Chaos sorgte, wurde er verjagt und kam – auf dem Weg in die Unterwelt – in das Land Izumo im westlichen Japan, wo er die wunderschöne Kusanada-hime („Reisfeld-Prinzessin") davor bewahrte, von einer achtköpfigen Riesenschlange verschlungen zu werden. Ein besonderer Mythenkreis, der in Izumo spielt und deshalb von Forschern als Izumo-Zyklus bezeichnet wird, beginnt mit Susanos Abstieg vom Himmel und fährt mit den Taten seines Abkömmlings Okuninushi („Herr der großen Erde") fort.

Während der Herrschaft von Okuninushi kam es zu Aufruhr und Gesetzlosigkeit auf Erden, so daß Amaterasu Götter entsandte, damit sie wieder für Ordnung sorgten. Dann ließ sie ihren Enkel Honinigi wissen, daß es seine Bestimmung sei, eine irdische Dynastie zu begründen, die ihre Stärke aus ihren Banden zu den Himmelsgottheiten beziehen und so lange bestehen solle, wie es Himmel und Erde gab. Honinigis Urenkel war Jimmu, der mythische erste Kaiser. Hirohito, der 1989 starb, galt als der 124. Herrscher Japans, der in direkter Linie von Jimmu abstammte.

Gegenüber: **Ein *surimono* oder privat herausgegebener Druck einer Serie mit dem Titel *Die drei kaiserlichen Insignien.* Die Frau hält das heilige Schwert in der Hand.**

Unten: **Ein Bronzespiegel, verziert mit dem Muster eines Schildkrötenpanzers. Die einzelnen Felder zeigen Chrysanthemen, das kaiserliche Symbol Japans. Muromachi-Periode (16. Jahrhundert).**

Susano im Exil

Susano stieg nach der Verbannung aus dem Himmel in die Provinz Izumo im Westen Honshus hinab. Dort ruhte er sich an einem Flußufer aus und hoffte auf Ruhe für seine gequälte Seele. Da kamen Eßstäbchen den Fluß herabgetrieben, und er dachte, daß in der Nähe Menschen leben müßten. Er marschierte stromaufwärts, um sie zu suchen.

Schon bald traf er auf ein seltsames Grüppchen, eine strahlend schöne junge Frau und ein ältliches Paar. Alle drei weinten; erst jammerten sie wehklagend, dann schimpften sie laut auf das Schicksal. Susano fragte, was der Grund sei. Der alte Mann antwortete, er selbst sei göttlicher Herkunft, ein Enkel von Izanagi und Izanami (und damit Susanos Neffe). Sein Name sei Ashinazuchi („Gott des Fußtritts") und der seiner Frau sei Tenadzuchi („Göttin der Ohrfeige").

Der Mann und die Frau erzählten nun, sie hätten acht schöne Töchter gehabt, doch eines bösen Tages sei Yamata no Orochi, eine gewaltige Schlange mit acht Köpfen und acht Schwänzen, aus Koshi gekommen und habe eins der Mädchen gefressen. Jedes Jahr sei das Ungeheuer zurückgekehrt und habe eine der Töchter verschlungen, bis ihnen nur noch die jüngste, Kusanada-hime („Reisfeld-Prinzessin") geblieben sei. Noch bevor sich der Tag neige, werde es wiederkommen und auch die letzte Tochter holen.

Die Schönheit der Prinzessin erweckte Susanos Begehren. In aller Ehrfurcht sagte er dem älteren Paar, auch er sei als Bruder der großen Sonnengöttin göttlicher Abstammung und somit ein Verwandter. Dann erklärte er sich bereit, die Schlange für sie zu töten, wenn sie ihm dafür die Hand ihrer Tochter gäben. Die Eltern der Prinzessin zögerten nicht einzuwilligen. Mit stolzgeschwellter Brust hob Susano das Mädchen hoch, verwandelte es in einen Kamm und

Susano kämpft gegen die Schlange Yamata no Orochi, die hier als Drache in der tosenden See dargestellt ist (im unteren Bilddrittel zu sehen). Hängerolle von Kawanabe Kyosai, 1887.

Der göttliche Ursprung der Amulette

In Japan schätzt man Amulette und Talismane, „omamori" genannt. Manche werden am Körper getragen, andere am Hauseingang aufgehängt, um Schutz gegen ansteckende Krankheiten zu bewirken. Eine Überlieferung besagt, Susano habe die Macht über Krankheiten und Seuchen besessen.

In dieser Geschichte wanderte Susano einmal in einer Sturmnacht quer durch das Mittelland der Schilfgefilde. Seine spärliche Kleidung bot ihm wenig Schutz vor den Elementen. Vor dem Haus von Kotan-Shorai blieb er stehen und klopfte an. Doch die elende Verfassung des Fremden ließ Kotan-Shorai kalt, und er verweigerte ihm den Schutz seines Hauses.

So ging Susano weiter zum Haus von Somin-Shorai, der Kotan-Shorais Bruder war. Als Somin den erbärmlichen Fremden im Sturm stehen sah, bat er ihn sofort herein. Er gab ihm zu essen und bot ihm zum Aufwärmen Sake an. Dann führte er ihn zu einem Schlafplatz. Als Susano sich am nächsten Morgen verabschiedete, sagte er seinem Gastgeber, wer er war, und versprach, daß Somin und seine Nachfahren für alle Zeit von den bösen Geistern, welche die Krankheiten verursachten, verschont bleiben würden. Sie sollten nur ein Zeichen an ihrem Hauseingang befestigten, das die Geister vertreiben werde. Seither kleben Japaner Botschaften an ihre Häuser, in denen sie sich als Nachfahren von Somin-Shorai bezeichnen.

verbarg diesen in seinen langen Locken. Die Eltern bat er, ihm ein großes Faß voll Sake zu bringen. Er goß den Reiswein in acht Kübel und stellte diese so auf, daß sie die Schlange in Versuchung führen sollten. Dann versteckten sich alle in der Nähe.

Susano erschlägt den Drachen

Als Yamata no Orochi erschien, zitterten die Eltern vor Angst. Das Ungeheuer war so groß, daß es sich über acht Berge und acht Täler erstreckte. Auf seinem Rücken wuchsen Zypressen und Zedern. Es senkte seine acht Köpfe in die acht Kübel voll Sake und trank sie gierig aus. Bald verlor sein achtschwänziger Körper alle Kraft, und das Ungeheuer fiel betrunken zu Boden. Da zog Susano sein Schwert und zerhackte das Untier in achtzig Stücke.

Als Susano auf einen der mittleren Schwänze einhieb, stieß er auf etwas Hartes. Er schlitzte das Fleisch auf und fand ein großes Schwert darin verborgen. Es war eine Waffe, die einer Göttin würdig war, und darum schenkte Susano das Schwert Murakumo („Versammelte Wolken") später seiner Schwester Amaterasu. Dieses Schwert wurde zum Symbol der Kaiserherrschaft und gelangte schließlich, in Kusanagi („Grasmäher-Schwert") umbenannt, in die Hände des Helden Yamato-takeru *(Seite 78–79).*

Die Eltern der Prinzessin freuten sich mit Susano, als er den Kamm aus seinem Haarschopf zog und dem Mädchen die menschliche Gestalt zurückgab. Dann errichtete er in Suga im Lande Izumo einen großen Palast mit acht hohen Mauern, wo er mit seiner Gattin und deren Eltern wohnte. Hier lebten sie glücklich. Wie es sich für eine mit Fruchtbarkeit verbundene Gottheit geziemt, zeugte er viele Kinder, von denen eines, Okuninushi, zum Helden eines eigenen Mythenkreises wurde *(Seite 56–61).*

Die Erschaffung der Bäume

In einer anderen Version dieses Mythos schuf Susano Japans Bäume, indem er Haare aus seinem männlichen Körper zupfte – was ihn, wie manche meinen, mit den ebenfalls behaarten Ainu, den Ureinwohnern Japans, in Verbindung bringt. Er machte Zedern aus seinen Kinnstoppeln, Lebensbäume aus Brusthaaren, Kampferbäume aus Haaren der Augenbrauen, und Eiben aus Schamhaaren. Dann erteilte er Anweisung, daß die Völker Japans aus dem Kampfer- und Zedernholz Boote bauen sollten, damit sie Handel treiben konnten, während sie aus dem Holz der Lebensbäume überall im Lande Shinto-Schreine errichten sollten. Das Holz der Eiben sollte zu Särgen verarbeitet werden, in die man die Toten legte.

Okuninushis Prüfungen

Die Schönheit der Prinzessin Yagami-hime von Inaba war in aller Welt berühmt. Daher beschlossen die Söhne von Kusanada-hime und Susano, nach Inaba zu reisen, ein jeder mit dem Wunsch, um ihre Hand zu bitten. Sie gingen gemeinsam, achtzig an der Zahl, und der jüngste Bruder Okuninushi zog als letzter mit dem Gepäck hinterher.

Am Kap von Keta trafen die achtzig Brüder am Straßenrand auf ein armes Kaninchen ohne Fell. Sie hielten an, sahen sich das erbarmungswürdige Geschöpf an und gaben ihm dann den hinterhältigen Rat, sich im Salzwasser zu waschen und im Wind trocknen zu lassen. Sie wußten, daß dies seine Haut schmerzhaft aufplatzen lassen würde, doch das Kaninchen ging nichtsahnend darauf ein.

Als Okuninushi daherkam, sah er das Kaninchen, das unter entsetzlichen Schmerzen litt, denn seine Haut war im scharfen Wind überall aufgerissen. Er fragte das Kaninchen nach seinem Leiden, und dieses erzählte ihm, es sei auf der Insel Oki gewesen und habe keine Möglichkeit gesehen, nach Keta zurück zu gelangen. Da habe es eine Gruppe Krokodile getroffen und scherzhaft mit ihnen darüber gestritten, ob die Sippschaft des Kaninchens größer sei als die der Krokodile, und habe dann einen Vorschlag gemacht: Wenn sich die Krokodile in einer Reihe quer über die Meerenge bis zum Kap hinlegten, werde es über sie hinweglaufen und sie dabei zählen. Die Krokodile waren einverstanden, und das Kaninchen hoppelte los. Doch kurz bevor es den entscheidenden Satz an Land machen wollte, kam es dummerweise in Versuchung, den Krokodilen zu verraten, daß es sie gar

Wild wühlt ein Krokodil die Wasser vor Japans Küste auf. Farbholzschnitt von Kuniyoshi, geschaffen um 1849.

nicht gezählt, sondern betrogen habe, nur damit sie eine Brücke bildeten. Kaum aber habe es geendet, da habe das zuletzt liegende Krokodil es gepackt und ihm das Fell abgezogen.

Wie es nun zitternd am Wegrand gelegen habe, seien die achtzig Gottheiten gekommen und hätten ihm geraten, im Meerwasser zu baden. Empört über diese Bosheit besann sich Okuninushi auf seine Kenntnisse der Heilkräuter und Zauberriten. Er trug dem Kaninchen auf, sich im Süßwasser der Flußmündung zu waschen, dann den Blütenstaub des dort wachsenden Teichkolbens zu verstreuen und sich darin zu wälzen. Das Kaninchen tat, wie ihm geheißen, und sein Fell wuchs wieder nach.

Darauf sagte das Kaninchen, das in Wirklichkeit eine Gottheit war, es wisse, daß die achtzig Gottheiten Okuninushis Brüder seien und daß sie alle die Reise unternommen hätten, um sich um die Hand der schönen Prinzessin Yagami-hime von Inaba zu bemühen. Es verhieß seinem Wohltäter, daß keiner seiner Brüder Erfolg haben werde, denn die Prinzessin werde Okuninushi wählen.

Während Okuninushi dem Kaninchen wieder zu seinem Fell verhalf, befanden sich die achtzig Brüder zu einer Audienz bei der Prinzessin Yagami-hime. Sie teilte ihnen mit, sie werde keinen von ihnen nehmen: Okuninushi sei der Mann ihres Herzens. Als dieser schließlich eintraf, feierten sie Hochzeit.

Hinter der Geschichte von der Kaninchengottheit vermutet man die Absicht, Okuninushi als Gott der Heilkunst einzuführen, denn möglicherweise war er der Schutzpatron altjapanischer Schamanen. Die Geschichte von dem Heiratsantrag und dem Erfolg des Izumo-Prinzen Okuninushi kann als Mythos von der Eroberung Inabas durch die Herrscher von Izumo gedeutet werden. Dies könnte tatsächlich zum Teil durch Heiratspolitik erreicht worden sein.

Die Rache der Brüder

Die Brüder packte die kalte Wut, und sie beratschlagten miteinander, wie sie ihren jüngsten Bruder loswerden könnten. Am Berg Tema befahlen sie ihm, ihnen bei der Jagd auf ein rotes Wildschwein zu helfen. Sie würden die steilen Berghänge erklimmen und das Tier nach unten treiben. Er solle es dann packen und in Fesseln legen. Die Brüder schlichen davon und erhitzten einen Felsbrocken. Diesen wälzten sie den Berg hinunter, und Okuninushi, der den rotglühenden Stein für das Wildschwein hielt, versuchte, ihn aufzufangen, verbrannte sich dabei und starb. Doch die Freude der Brüder über die gelungene Rache war von kurzer Dauer, denn ihre Mutter, Kusanada-hime, stieg zum Himmel hinauf und bat die hohe Gottheit Kamimusubi *(Seite 32)*, Okuninushi ins Leben zurückzuholen. Kamimusubi schickte zwei Himmelsprinzessinnen, die Okuninushis verbrannten Körper in einem Zaubersud badeten. Da wurde er wieder zu dem schönen jungen Mann, der er zuvor gewesen war.

Die Brüder folgten ihm und warteten auf eine neue Gelegenheit, sich zu rächen. Schon bald töteten sie ihn ein zweites Mal, indem sie ihn in einem gespaltenen Baum zerquetschten. Wieder fand ihn Kusanada-hime, zog ihn behutsam aus dem Baum und streichelte ihn, bis er wieder lebendig war. Dann riet sie ihm, sich in das unterirdische Reich seines Vaters Susano zu flüchten, denn sie wußte, daß die Brüder nicht ruhen würden, bis sie Okuninushi ein für alle Mal vernichtet hätten.

Gerade wollte er Kusanada-himes Rat befolgen, als die achtzig Gottheiten ihn beinahe eingeholt hatten. Mit ihren Pfeilen hätten sie ihn getötet, wäre er nicht wie durch ein Wunder durch eine Astgabel entschlüpft, wohin sie ihm nicht folgen konnten.

Furchtlos machte sich Okuninushi nun auf den Weg in die finstere Unterwelt, bis er zu Susanos Wohnstatt kam. Dort begegnete er einem Mädchen von großer Schönheit. Es war Susanos Tochter Suseri-hime. Sie sahen einander verliebt an und wurden ohne Um-

Okuninushi war den Pfeilen seiner Brüder entkommen. Nun hielt er selbst Bogen und Pfeile in den Händen, mit denen er seine neidischen Geschwister in die Schranken weisen konnte.

schweife selbst an diesem düsteren Ort Mann und Frau. Beide waren Susanos Kinder, also Bruder und Schwester, doch wurden auch sie Eheleute, wie Izanagi und Izanami und viele andere göttliche Geschwisterpaare in der japanischen Mythologie.

Susano gefiel das nicht. Er tat, als ob er Okuninushi willkommen hieß, wollte ihn aber in Wahrheit auf die Probe stellen. In der ersten Nacht ließ er seinen Sohn in einem Gemach voller Schlangen schlafen, doch Suseri-hime gab ihm ein Zaubertüchlein, mit dem er sie abwehren konnte. In der zweiten Nacht mußte er mit Tausendfüßern und Wespen kämpfen, doch er hatte wieder das Tüchlein. Für die dritte Prüfung schoß Susano einen Pfeil mitten in eine weite Ebene und befahl Okuninushi, diesen Pfeil zu holen.

Susano wartete eine Weile, setzte dann die hohen Gräser der Ebene in Brand und schickte einen Wind, um das Feuer anzufachen. Okuninushi sah die Flammen aus allen Richtungen auf sich zu lodern und suchte nach einem Ausweg. Er war schon weit gegangen und hatte keine Möglichkeit zur Flucht entdeckt. Ruhig bereitete er sich auf den Tod vor. Doch da stand eine Maus vor ihm und gab ihm ein Rätsel auf: „Innen ist es hohl, außen ist es eng!" Damit meinte sie, daß in der Nähe eine unterirdische Höhle sei, in die sich Okuninushi vor der Feuersbrunst retten könne. Okuninushi kam auf die Lösung des Rätsels, fand den engen Eingang und war in Sicherheit.

Nachdem das Feuer über ihm hinweggebraust war, brachte die Maus Okuninushi den Pfeil, den Susano in die Ebene geschossen hatte. Okuninushi nahm ihn und überreichte ihn Susano. Eine Weile danach ließ sich der große Sturmgott von ihm das Haar kämmen und die Tierchen entfernen, die auf seiner Kopfhaut krabbelten. Erleichtert schlief Susano ein, und Okuninushi erkannte seine Chance. Er band Susanos Haar an den Sparren des Hauses fest und ergriff Schwert, Bogen und Zither seines Vaters. Dann versperrte er den Eingang des Hauses mit einem Fels.

Geschichten aus Izumo

Nach der Izumo-Überlieferung waren es Okuninushi und ein geheimnisvoller Zwergengott namens Sukunabiko – und nicht Izanagi und Izanami –, welche die Inseln Japans schufen.

Bei seiner Rückkehr aus der Unterwelt machte Okuninushi am Kap Mipo in Izumo Rast. Da entdeckte er auf dem unruhigen Meer einen kleinen Gott, der in einem aus den Hülsenblättern eines Teichkolbens gefertigten Boot herantrieb. Okuninushi fragte den Ankömmling nach seinem Namen, erhielt aber keine Antwort. Dann erkundigte er sich bei den vielen Göttern, die den Zwerg begleiteten, doch auch sie schwiegen. Da meldete sich die Kröte – eine große Reisende und darum mit vielen Geheimnissen vertraut – zu Wort und verwies Okuninushi an Kuyebiko, die Vogelscheuche.

Von Kuyebiko erfuhr Okuninushi, daß der Zwergengott Sukunabiko hieß und der Sohn der Gottheit Kamimusubi war. Okuninushi fragte bei Kamimusubi an, ob das wahr sei. Die Gottheit bejahte und sagte, daß Okuninushi und Sukunabiko dafür vorgesehen seien, die Inseln des Mittellands der Schilfgefilde zu formen.

Rasch hob er Suseri-hime hoch, lud sie sich auf den Rücken und floh, so schnell er konnte. In der Eile stießen sie mit der Zither an einen Baum, so daß sie einen süßen Ton von sich gab, der Susano aufweckte. Er ahnte, was geschehen war, konnte die beiden jedoch nicht sofort verfolgen, da er seine Haare erst losbinden mußte. Als er Okuninushi und Suseri-hime beinahe eingeholt hatte, waren diese bereits über die Grenze zwischen der Unterwelt und dem Mittelland der Schilfgefilde, der Erde, geflohen. Er sah sie über sich einen Abhang hinaufklettern und der Helligkeit der Felder entgegenlaufen und rief, Okuninushi solle Bogen und Schwert nehmen und seine bösen Brüder damit züchtigen. Dann solle er Herrscher des Landes werden, am Berg Uka wohnen und Suseri-hime zu seiner Hauptgemahlin machen.

So geschah es. Okuninushi besiegte seine Brüder, die sich seiner Herrschaft beugten, und ließ sich am Berg Uka nieder, der große Bedeutung hatte im Land Izumo, und dort errichteten die Menschen später den Großen Izumo-Schrein, den zweitheiligsten aller Shinto-Schreine nach dem Amaterasus in Ise.

Wie es im Izumo-Mythenkreis heißt, schufen Okuninushi und eine Gottheit namens Sukunabiko das Land Japan *(Kasten unten)*, was an anderer Stelle Izanagi und Izanami zugeschrieben wird. Manche Wissenschaftler nehmen an, daß Okuninushi das von Izanagi und Izanami vollbrachte Werk vollendete. Andere meinen, daß es sich um zwei unterschiedliche Schöpfungsmythen handele: Einer, mit Okuninushi, stamme aus der Izumo-Region, der andere, mit Izanagi und Izanami, aus der Yamato-Region. Obwohl das Mythenwerk *Kojiki* in der Yamato-Region entstand, überlebte auch der Izumo-Schöpfungsmythos.

Okuninushi lebte mit Suseri-hime und seiner ersten Frau Yagami-hime zusammen, doch Yagami-hime war nicht glücklich, denn sie fürchtete Suseri-himes Zorn. Sie gab ihren Platz in Okuninushis Bett auf und kehrte zu ihren Eltern zurück.

Nachdem die beiden Götter diese ehrenvolle Aufgabe erledigt hatten, begab sich der Zwergengott in seinem winzigen Boot nach Tokoyo-no-Kuni, dem fernen Land der Ewigkeit jenseits des Ozeans.

Okuninushi war betrübt und fragte laut, wie er denn allein das Mittelland der Schilfgefilde hüten solle. Da näherte sich eine geheimnisvolle Gottheit wie ein Streifen himmlischen Lichts über dem Meer und kündigte an, mit ihm gemeinsam Japan zu regieren. Die Gottheit versprach, immer an Okuninushis Seite zu sein, wenn er dafür zu ihrer Verehrung auf dem heiligen Berg Mimoro einen Schrein errichte.

Ein späterer Herrscher von Izumo war Omitsunu („Herr der Uferfelder"), ein Enkel Susanos. Omitsunu sorgte sich, weil Izumo so klein war, und beschloß, es auf eine besondere Weise zu vergrößern: Als er sah, daß jenseits des Meeres an der Küste Koreas Land lag, das niemandem gehörte, nahm er ein Seil, befestigte es mit einem Ende an der Küste Koreas und mit dem anderen am Gipfel des Berges Sahime in Izumo.

Dann forderte er seine Untertanen auf, mit vereinten Kräften zu ziehen. Eine riesige Landmasse brach ab und schob sich an Izumo heran. Später wiederholte Omitsunu den Trick und zog mit Seilen Inseln aus dem Japanischen Meer, um damit Izumo zu formen. Die Reste des letzten Seils ergaben den Strand von Yomi.

Die Unterwerfung der Schilfgefilde

Okuninushi mußte sich nach all den Problemen mit Susano nun mit der großen Sonnengöttin Amaterasu – seiner Schwester – auseinandersetzen, die ihr Himmelsreich um das von den Menschen besiedelte Mittelland der Schilfgefilde zu vergrößern wünschte.

Die Götter des himmlischen Reiches waren sich sehr wohl bewußt, daß Streit und Unruhen unter den Bewohnern des Mittellands der Schilfgefilde herrschten. Nach einer Version des Mythos konnten zu jener Zeit die Pflanzen, Steine und Bäume Japans sprechen und durchbrachen mit ihren Klagen gen Himmel regelmäßig die Stille der Nacht.

Amaterasu sandte Ama-no-ho, einen der aus dem Zeugungswettstreit mit Susano hervorgegangenen Götter *(Seite 40)*, sich nach der Ursache des Aufruhrs zu erkundigen, doch als Ama-no-ho angekommen war, hatte er seinen Auftrag vergessen und blieb auf der Erde. Dann schickte sie Ama-no-hos Sohn, doch auch dieser brachte keinen Bericht. Am nächsten Tag sandte sie den mit göttlichem Bogen und Pfeil bewaffneten Gott Ame-no-waka-hiko, dessen Tapferkeit und Kampfesmut berühmt waren. Doch selbst er war nicht verläßlich; er verführte Okuninushis Tochter Shitateru-hime und blieb in Izumo.

Als acht Jahre lang keine Nachricht kam, schickte Amaterasu einen göttlichen Fasan zur Erde, um Ame-no-waka-hiko zu suchen. Der Fasan ließ sich auf einem Zimtbaum vor dem Haus des Gottes nieder und wartete auf eine Gelegenheit, mit Ame-no-waka-hiko zu sprechen. Als eine der Frauen des Hauses jammerte, dies sei ein böses Zeichen, nahm Ame-no-waka-hiko einen seiner göttlichen Pfeile und erlegte den Fasan. Das Geschoß durchbohrte den Fasan und flog dann in den Himmel, wo der Gott Takamimusubi ihn zur Erde zurückschleuderte und er Ame-no-waka-hiko tödlich verletzte, während er schlief.

Shitateru-hime war über den Tod ihres Ehemanns verzweifelt, und ihr Wehklagen war selbst im Himmel zu hören. Die Götter schickten einen sanften Wind zur Erde, der den toten Ame-no-waka-hiko hinauf in das Reich der Götter trug. Dort bauten sie ein Trauerhaus, legten den Toten hinein und trauerten mit Shitateru-hime. Acht Tage und acht Nächte wachten sie bei Ame-no-waka-hiko und beklagten seinen Tod. Dann kam ein irdischer Freund des Toten mit Namen Ajishiki, um Shitateru-hime zu trösten. Doch weil er dem Verstorbenen so ähnlich sah, schrien alle auf und drängten sich um ihn, denn sie glaubten, Ame-no-waka-hiko sei ins Leben zurückgekehrt. Ajishiki war erbost und schlug mit einem großen Schwert auf das himmlische Trauerhaus ein, in dem sein toter Freund lag. Es fiel zur Erde, wo es zum Berg Moyama wurde.

Amaterasu setzt sich durch

Nun entsandte Amaterasu die Gottheiten Takamimusubi und Kamimusubi *(Seite 32)* mit dem Auftrag, Okuninushi wissen zu lassen, daß er ihr sein Reich überlassen müsse. Um furchteinflößend zu wirken, nahmen die Götter glänzende Schwerter mit nach Izumo und stießen die Griffe in einen Wellenkamm am Strand von Inasa. Hier setzten sie sich mit gekreuzten Beinen auf die Schwertspitzen und teilten Okuninushi mit, daß das Land der Männer und Frauen von einem Sohn Amaterasus regiert werden solle.

Okuninushi antwortete nicht, sondern verwies sie an seinen Sohn Yakoto-shironushi, der an seiner Stelle sprechen werde. Also rief man den Sohn herbei und riet ihm, sich den ehrwürdigen Gottheiten zu unterwerfen. Es wird vermutet, daß Yakoto-shironushi einen Priester oder Gott der Ritualsprache darstellte und aus diesem Grunde beauftragt wurde, mit den göttlichen Gesandten zu sprechen.

Kurz danach kam ein anderer Sohn Okuninushis, der kämpferische Take-minakata, an den Strand. Wie um seine Stärke unter Beweis zu stellen, balancierte er einen großen Fels auf seinen Fingerspitzen und verlangte ein Kräftemessen mit den Göttern. Er versuchte, den Arm des Gottes Takamimusubi zu ergreifen, doch der Arm entglitt ihm, weil er zum Eis-

zapfen wurde, der in der Morgensonne glitzerte; beim zweiten Mal wurde er zu einem schlanken, scharfen Schwert. Dann griff Takamimusubi nach Take-minakatas Arm, und dieser verwandelte sich in ein Schilfrohr; die Gottheit zerquetschte es und warf es fort. Take-minakata floh, doch nach einer wilden Verfolgungsjagd fingen ihn die Götter ein. Atemlos versprach er, sich zu unterwerfen und sich dem zu beugen, was Okuninushi hinsichtlich der Herrschaft im Mittelland der Schilfgefilde entschied.

Der Wille des Himmels

Der Kampf zwischen Okuninushis Sohn und den von Amaterasu entsandten Göttern wird bisweilen als mythische Wiedergabe des Konflikts zwischen dem Volk von Izumo und dem Yamato-Clan gedeutet. Andere meinen, es sei ein Bericht über ein religiöses Ritual. Im alten Japan war der ritualisierte Kampf *sumapi* – der Vorläufer des Sumo-Ringkampfes, wie man ihn heute kennt – ein allgemein akzeptierter Weg, bei einem Streit den Willen des Himmels zu erkunden *(Seite 50–51)*.

Okuninushi war mit der Entscheidung seines ersten Sohnes einverstanden und willigte ein, Amaterasu die Herrschaft über das Mittelland der Schilfgefilde zu übertragen. Später baute der Gott den großen Taisha-Schrein von Izumo. Die göttlichen Gesandten Takamimusubi und Kamimusubi kehrten in die Ruhe des Himmelreichs zurück und berichteten Amaterasu, daß es ihnen gelungen sei, die aufsässigen Länder auf Erden zu unterwerfen und endgültig zu befrieden.

Diese aus Buchsbaumholz geschnitzte Skulptur stellt zwei Ringer dar. Der linke führt einen *kawazu*-Wurf aus. Diese Griffe gehen auf Kämpfe der Götter zurück (19. Jahrhundert).

Honinigi wird Herrscher Japans

Amaterasu hatte nun die Herrschaft über das Mittelland der Schilfgefilde errungen und wünschte, ein Mitglied ihrer göttlichen Familie mit der Regierung zu betrauen. Ihre Wahl fiel auf Honinigi, ihren Enkel; er sollte der Ahn Jimmus werden, des mythischen ersten Kaisers von Japan.

Amaterasu ließ Honinigi zu sich kommen und teilte ihm ihren göttlichen Ratschluß mit. In einer feierlichen Zeremonie überreichte sie ihm drei Kultobjekte, die dereinst die Insignien des japanischen Kaiserhauses werden sollten. Das erste war das Schwert Murakumo, das Susano aus dem Schwanz des Drachen Yamata no Orochi geschnitten hatte *(Seite 55)*. Das zweite war Amaterasus Kette Magatama, deren Perlen Susano beim Zeugungswettstreit mit der Sonnengöttin zerkaut hatte *(Seite 39–40)*. Das dritte war der Spiegel, mit dem die 800 Myriaden Himmelsgottheiten versucht hatten, Amaterasu durch ihr eigenes Abbild aus ihrem Versteck zu locken *(Seite 42–45)*. Kopien dieser Objekte wurden seither jedem Kaiser bei der Thronbesteigung dargereicht.

Der Elfenbein-*netsuke* mit einem Drachen, der ein Juwel in seiner Vorderkralle hält und ein Schwert im Schwanz trägt, erinnert an die kaiserlichen Machtsymbole (18. Jahrhundert).

Von vielen göttlichen Gefährten begleitet, begann Honinigi den Abstieg zur Erde. Doch kaum hatten sie die Wolken des Himmels hinter sich gelassen, da stellte sich ihnen ein furchterregender Gott in den Weg. Er stand an der Wegkreuzung des himmlischen Reiches, wo sich acht Straßen trafen, und war von erstaunlichem Wuchs, denn sein Rücken weitete sich wie eine große, von vielen Flüssen durchzogene Ebene, und seine Nase ragte sieben Handspannen lang nach vorn. Aus seinem Mund und seinem After ergoß sich Licht, und seine Augen blendeten wie ein heiliger Spiegel, der die Morgensonne reflektierte.

Der Verführungstanz

Honinigi und seine Gefährten fürchteten sich und wandten sich zur Flucht – nur Ama-no-Uzume nicht, die Göttin der Morgenröte, deren erotischer Tanz einst im Himmel für Aufsehen gesorgt hatte, als Amaterasu sich in ihre Felsenhöhle zurückgezogen hatte. Ama-no-Uzume war vollkommen überzeugt von ihren Verführungskünsten. In einigen Berichten bat Honinigi sie, sich dem Riesen zu nähern, denn keine andere Gottheit hatte den Mut – und zudem war er sich sicher, daß der Riese ihr nicht werde widerstehen können.

Also trat Ama-no-Uzume vor und wiegte sich aufreizend in den Hüften, um den wild dreinblickenden Fremden gefügig zu machen. Wie schon zuvor, entkleidete sie sich beim Tanzen, zeigte ihre nackten Brüste und schob langsam den Rock hinunter. Mit hellem Lachen forderte sie den Riesen zum Mitmachen auf. Ama-no-Uzumes Tanz entfachte die Begierde des Gottes, und seine Augen glänzten immer heller. Mit angehaltenem Atem verharrte er. Dann verlangte sie zu wissen, wer er sei und warum er sich den Göttern in den Weg stelle.

Endlich sprach er und gab sich bescheiden als Sarutahiko („Affe") zu erkennen, Gott der Feldwege (vermutlich war er auch eine Sonnengottheit). Er habe gehört, daß Honinigi auf dem Weg in das Mittelland der Schilfgefilde sei, und sei gekommen, um Amaterasus göttlichem Enkel seine Dienste als Führer anzubieten. Ihm seien die Inseln vertraut, die unten im glitzernden Meer lägen, und so könne er Honinigi

Geburt im Feuer

Honinigi und Konohana heirateten und waren glücklich – bis Honinigi in Eifersucht entbrannte. Der Fluch Ihanagahimes, die von Honinigi verschmäht worden war (Seite 65), wurde aber nicht wirksam.

Nach Stunden schon schien die Prinzessin schwanger zu sein. Honinigi war zwischen Zweifel und Eifersucht hin- und hergerissen, denn er glaubte, das Kind könne nicht von ihm sein und daß Konohana vor ihm einen anderen Liebhaber gehabt haben müsse. Unaufhörlich mußte er daran denken und stellte sie schließlich zur Rede.

Honinigis Verdacht war unbegründet und brachte nur Schande über das Paar. Konohana war zornig, daß er an ihrer Treue zweifelte. Schweigend ging sie fort und dachte darüber nach, wie sie ihre Unschuld beweisen könne.

Am Meeresstrand, wo Honinigi und sie einander zum erstenmal begegnet waren und ihre Liebe erwacht war, ließ sie eine Strohhütte bauen. Für jeden hörbar erklärte sie, sie werde beweisen, daß Honinigi der Vater ihres Kindes sei. Wenn die Zeit der Niederkunft komme, werde sie in die Hütte gehen und sie in Brand setzen. Werde der Nachwuchs dann unversehrt bleiben, so werde dies zweifelsfrei beweisen, daß er unter dem Schutz von Honinigis leuchtender Großmutter, der Sonnengöttin Amaterasu, stehe.

Konohana hielt ihr Versprechen. Als die Wehen einsetzten, schloß sie sich in der Hütte ein. Dann zündete sie die Strohwände an. Die Flammen loderten empor, und die Leute hielten Konohana für tot.

Doch drinnen gebar sie drei gesunde Knaben. Der erste, Honoakari, kam zur Welt, als Konohana das Feuer entzündete. Der zweite, Honosusori („Feuerschein") wurde geboren, als die Flammen schon hoch aufloderten. Der dritte, Honoori-hikohoho oder Hikohoho („Feuer-Erlöschen"), erschien, als sich Konohana gerade aus den Flammen zurückzog.

Weder die Drillinge noch die Mutter erlitten im Feuer Schaden. Mit einem Bambusmesser schnitt Konohana die Nabelschnüre durch und legte sich die Kleinen an die Brust. Honinigi freute sich, daß die Ehre seiner Frau bewiesen war, und hoffte, die Schmach, die er ihr angetan hatte, bald wiedergutmachen zu können. Voller Liebe wartete er auf sie, während sie sich von der Geburt erholte. Die prächtigen Kinder gediehen. Merkwürdigerweise wurde Honoakari später nicht mehr erwähnt, aber seine beiden Brüder wurden die Helden des nächsten Mythenkreises.

an die besten Bäche, Grotten und Landspitzen führen. Schließlich bat er um die Ehre, ihm dienen zu dürfen.

Ama-no-Uzume sah, daß sie wieder eine Eroberung gemacht hatte. Da der Gott ihr gefiel, blieb sie eine Weile bei ihm und drängte sich so dicht an ihn, daß ihr süßer Atem verführerisch über seine Wangen und seinen Hals strich. Dann verabschiedete sie sich zärtlich und ging wieder zu Honinigi und seinen Gefährten, um ihnen von Sarutahikos Angebot zu berichten.

Die Reise der Götter zur Erde

Was Ama-no-Uzume zu berichten hatte, erfüllte die Götterschar mit Freude. Glücklich ordnete Honinigi an, daß sie nun weiterziehen sollten. Sarutahiko setzte sich an die Spitze des Zuges. Sie überquerten die helle Himmelsebene und kamen zur Schwebebrücke des Himmels, wo sie innehielten, um den Anblick des weiten Firmaments, der jagenden Wolken und der im Sonnenlicht liegenden Inseln Japans zu genießen. Schließlich setzten sie ihren Weg fort und gelangten auf die Erde.

Sie befanden sich auf dem Gipfel des Berges Takachiho in der Region Hyuga auf der Insel Kyushu. Von dort aus erkundeten sie Japan. Auf ihrem Weg lagen große Gebirge und Wälder, Landspitzen, Strände, Wasserfälle, klare und schnelle Flüsse, heiße Quellen und Haine, in denen sich die Zweige unter dem Gewicht der Blüten bogen. Honinigi war von seinem Reich ganz begeistert.

Honinigi bewunderte die zauberhaften Haine seines Erdenreiches. Später verliebte er sich in die schöne Prinzessin Konohana, welche die Bäume erblühen lassen konnte. *Kirschblüte am Berg Yoshino* von Katsushika Hokusai (1760–1849).

Eine Hochzeit im neuen Palast

Als sie zum Kap von Kasasa gelangten, beschloß er, neben einem Wäldchen einen prächtigen Palast errichten zu lassen. Außerdem bot er Sarutahiko zum Dank für seine Dienste die Hand Ama-no-Uzumes an. Sarutahikos Freude war grenzenlos, und auch der Verführerin gefiel der Vorschlag. Unverzüglich feierten sie in Honinigis neuem Palast Hochzeit. In späteren Überlieferungen war Sarutahiko einer der phallischen Straßengötter *(Seite 47),* während er in anderen als Hüter der Schwebebrücke des Himmels galt. Seine Gemahlin Ama-no-Uzume (Vorläuferin der *miko* oder Tänzerin in einem Schrein) wurde mit Frohsinn und Gesundheit in Verbindung gebracht und hieß auch Himmelstochter oder Morgenröte. In der Heian-Periode führte eine Truppe von Hoftänzern, *sarume* genannt, ihre Herkunft auf das fruchtbare Paar Sarutahiko und Ama-no-Uzume zurück.

Honinigi verliebt sich

Honinigi machte gern in der Ruhe des frühen Morgens einen Spaziergang. Eines Tages traf er am Meeresstrand ein schönes Mädchen, bei dessen Anblick ihm der Atem stockte. Er fragte sie nach ihrem Namen. Sie sei Prinzessin Konohana, welche die Bäume erblühen läßt, sagte sie. Bezaubert von ihrer sanften Stimme und zarten Schönheit, bat er sie ohne Umschweife, ihn zu heiraten. Doch die Prinzessin erwiderte, er müsse erst ihren Vater, den Berggott Ohoyama, um Erlaubnis fragen.

Respektvoll wandte sich Honinigi an Ohoyama. Der Vater fühlte sich durch den Antrag geehrt, den der Enkel der großen Sonnengöttin Amaterasu seiner Tochter gemacht hatte, dachte aber, daß zuerst seine ältere Tochter Ihanagahime heiraten solle. Also lud er Honinigi zu einem Fest ein und schickte die beiden Schwestern, um mit dem Prinzen zu sprechen. Sollte sich dieser für Ihanagahime entscheiden, würde das dem Vater eine große Freude bereiten.

Doch die ältere Tochter war so häßlich, wie Konohana schön war, und Honinigi wollte sie nicht heiraten. Als sich die junge Frau abgewiesen sah, wandte sie sich von Honinigi ab und spuckte aus, während der Berggott, da er keine andere Lösung sah, Honinigis Wünschen nachgab. Noch in derselben Nacht heirateten Honinigi und die blütenschöne Konohana im Palast ihres Vaters.

Ihanagahime war so gekränkt, daß sie noch auf der Hochzeit erklärte, Honinigi habe einen schweren Fehler begangen. Hätte er sie gewählt, wäre das Leben ihrer Nachkommen dauerhaft wie ein Fels. Da er sich aber für ihre jüngere Schwester entschieden habe, deren Schönheit eines Tages verblühen werde wie die Blüten eines Baumes, werde das Leben ihrer Kinder nur kurz sein. Nach dieser Überlieferung kam der Tod an Honinigis Hochzeitstag in die Welt, während es in einer anderen Geschichte heißt, daß die Sterblichkeit ein Fluch sei, mit dem Izanami einst die Menschheit belegt habe *(Seite 37)*.

Weitgehend strittig ist die Frage, warum die Mythen davon sprechen, daß Honinigi auf die Insel Kyushu kam und nicht in das Land Yamato oder Izumo. Manche meinen, die Verfasser des *Kojiki* und des *Nihongi* wollten damit zeigen, daß das göttlich verordnete Schicksal der Volksstämme von Kyushu der kaiserlichen Herrschaft unterlag. Eine andere Erklärung ist, daß Kyushu näher bei Korea und damit an den Routen liegt, auf denen einst Altaisch sprechende Reitervölker aus Zentralasien eindrangen. Der mythische Konflikt mit den Izumo-Göttern könnte daher die Konfrontation zwischen den bereits ansässigen Yayoi- und Jomon-Volksstämmen und den Eroberern widerspiegeln *(Seite 8–14)*.

Feuerschein und Feuer-Erlöschen

Honinigis Söhne waren ihrem Heimatland und dem Meer zugetan. Honosusori („Feuerschein") liebte das Wasser und war ein erfolgreicher Fischer; Hikohoho („Feuer-Erlöschen") mochte die Berge und war ein begeisterter Jäger. Eines Tages beschlossen sie, ihre Rollen zu tauschen, und Honosusori gab seinen Angelhaken gegen Pfeil und Bogen seines Bruders hin.

Honosusori verbrachte viele Stunden in den Bergen, aber er erlegte kein einziges Tier. Hikohoho war zwar ein geduldiger Jäger auf den Waldpfaden, aber er hatte keinen Sinn für das Fischen – und fing trotz all der langen Nachmittage, die er angelte, nicht einen einzigen Fisch. So beschlossen sie, ihr früheres Leben wieder aufzunehmen, doch als sie ihre Geräte zurückgeben wollten, konnte Hikohoho den Angelhaken des Bruders nicht finden. Er versuchte, einen neuen zu fertigen, doch Honosusori bestand auf seinem alten. Hikohoho schmolz sein Schwert ein und machte daraus einen großen Haufen Haken, um den alten zu ersetzen, und hielt sie seinem Bruder in einer Schale hin. Doch wieder verlangte Honosusori seinen alten Angelhaken zurück. Hikohoho bat unterwürfig um Entschuldigung, doch es war alles vergeblich.

Niedergeschlagen wanderte Hikohoho am Meeresstrand entlang, wo das gleichmäßige Schlagen der Wellen seine triste Stimmung untermalte. Als er an ei-

Die Geschichte von Hikohoho hat die uralte Beziehung zwischen dem japanischen Volk und dem Meer zum Thema. *Fischer auf einem Felsvorsprung bei Kajikazawa in der Provinz Kai,* aus einer Serie von Katsushika Hokusai, 1760–1849.

ner Biegung der Küste umkehrte, kam ein gebrechlicher alter Mann mit weißem Backenbart auf ihn zu. Es war Shiho-tsutsu („Gott der Salzflut"). Auf Befragen erzählte Hikohoho ihm seine traurige Geschichte. Da lächelte der alte Mann des Meeres freundlich, sagte zu Hikohoho, er solle aufhören zu weinen und zu klagen – er könne ihm helfen. Shiho-tsutsu nahm einen schwarzen Kamm aus einer Tasche, die er über der Schulter trug, und warf ihn in den Sand. Da wuchs Bambus, aus dem der alte Mann einen großen Korb flocht. Er setzte Hikohoho hinein und stieß ihn dann aufs Meer hinaus, wo eine große Welle ihn weit von der Küste wegtrug.

Allein auf dem Wasser hätte Hikohoho sich fürchten können, doch er vertraute der Zauberkraft des alten Mannes. In uralter Zeit gab es einen Wasserweg, der die Gewässer um Japan mit dem Reich des Meeresgottes Watazumi verband, und Sterbliche, die zufällig auf diesen Kanal gerieten, fanden sich in ein Zauberland tief unter der Meeresoberfläche versetzt. Das geschah nun mit Hikohoho. Er fühlte, wie der Korb, in dem er saß, wie ein Stein sank, und dann war er auf dem Meeresgrund, an einem schönen weiten Strand. Er kletterte aus dem Korb und schritt auf dem feinen weißen Sand dahin, bis er zum Palast des Meeresgottes kam. Es war ein großes Schloß mit reichverzierten Toren, hohen Türmen, Mauern und Zinnen. Vor dem Haupttor wuchs ein Kassia-Baum neben einem Brunnen. Hier blieb Hikohoho stehen und wartete.

Es dauerte nicht lange, da kam ein Mädchen, so schön wie ein glitzerndes Juwel, aus dem Schloß und trug ein mit Edelsteinen besetztes Gefäß unter dem Arm. Hikohoho lehnte sich an den Baumstamm und konnte sich an ihrer edlen Schönheit nicht sattsehen. Zunächst schien sie seine Gegenwart nicht zu bemerken, doch als sie sich dem Brunnen näherte, erblickte sie ihn – und erschrak heftig. Rasch lief sie ins Schloß zurück und erzählte ihrem Vater, ein außerordentlich schöner junger Fremder stehe vor dem Tor. Als höchster Meeresgott war es Watazumis Pflicht, Gastfreundschaft zu gewähren, und so ließ er die besten Kissen ausbreiten und Hikohoho hereinbitten.

In Japan haben die Fischarten symbolische Bedeutung. Der Karpfen wird wegen seiner Tapferkeit und Stärke geehrt. Rechteckiger Dokumentenkasten, mit sieben Karpfen verziert. Meiji-Zeit, 1868–1912.

Der Meeresgott behandelte Hikohoho freundlich und fragte ihn, was ihn in sein Wasserreich geführt habe. Da erzählte ihm Hikohoho die Geschichte vom Verlust des herrlichen Angelhakens. Daraufhin versammelte der Meeresgott alle Fische des Meeres und erkundigte sich, ob einer von ihnen den vermißten Gegenstand gefunden habe. Keiner hatte ihn gesehen, aber sie erwähnten, daß ein Fisch – die Rote Frau, ein Brassen – seinem Aufruf nicht gefolgt sei, weil sie ein entzündetes Maul habe. Als man die Rote Frau in den Palast holte und ihren Hals untersuchte, steckte darin der Angelhaken.

Hikohoho bedankte sich bei dem Meeresgott und freute sich, daß er die Freundschaft mit seinem Bruder nun erneuern konnte. Doch er kehrte nicht gleich nach Japan zurück, denn er hatte sich in die Tochter Watazumis, Toyotama („Reiches Juwel"), verliebt. Als er ihr seine Gefühle gestand, zeigte es sich, daß sie diese von Herzen erwiderte, und mit dem Segen des Vaters vermählten sie sich.

Mehrere Jahre lang lebte Hikohoho glücklich und sorgenfrei mit seiner jungen Frau auf dem Grund des Meeres. Doch dann träumte er immer häufiger von Japan und seinen hohen Bergen. Trotz der großen Liebe zu seiner Frau wachte er oft voller Sehnsucht nach der Heimat auf. Toyotama kannte ihren Mann gut und ahnte, was ihn quälte. So sprach sie mit ihrem Vater und dieser willigte ein, daß sein Schwiegersohn heimkehrte. Der Meeresgott ließ Hikohoho rufen und gab ihm den Angelhaken, den er für

Hikohoho auf dem Rücken eines zahmen *wani* oder Krokodils, dem der Meeresgott befahl, den Prinzen nach Hause zu tragen. Darstellung auf einem Druck aus dem 19. Jahrhundert.

ihn aufbewahrt hatte. Außerdem schenkte er dem Prinzen zwei Zauber-Juwelen, von denen eines die Flut steigen, das andere die Flut sinken ließ. Dann nahm Hikohoho Abschied von Toyotama. Sie sagte ihm, sie sei schwanger, und die Zeit der Geburt werde bald kommen. Er solle nach ihr Ausschau halten, denn sie werde an einem Tag mit starken Winden und hoher See an einem Strand in der Nähe seines Palastes aus den Wellen steigen. Sie werde in einer Hütte an Land gebären, die er für sie bauen müsse.

Hikohoho kehrt heim

Getragen auf dem Rücken eines zahmen Krokodils, fand sich Hikohoho bald am vertrauten Strand vor seinem Palast wieder. Die Mitglieder seiner Familie staunten, als sie ihn nach so langer Abwesenheit wiedersahen. Alle hörten ihm atemlos zu, als er von seinen Abenteuern berichtete und seinem älteren Bruder freudig den verlorenen Angelhaken überreichte.

Doch Honosusori ließ sich nicht umstimmen und behandelte seinen jüngeren Bruder weiterhin schlecht. Darum beschloß Hikohoho, seinen Bruder mit den Zauber-Juwelen, die ihm der Meeresgott geschenkt hatte, zu unterwerfen. Als die beiden Brüder eines Tages zum Strand gingen, kletterte Hikohoho auf die Uferfelsen und warf das Flutsteige-Juwel in die Wellen. Sofort stieg die Flut an, und Honosusori, verzweifelt um Hilfe rufend, war am Ertrinken. Als Hikohoho ihm zurief, daß er Juwelen besitze, mit denen er Flut und Ebbe kontrollieren könne, gab Honosusori zu, daß er ihn schlecht behandelt habe, und flehte um sein Leben. Hikohoho zog darauf das zweite Juwel hervor und warf es ins Wasser, so daß die Flut so schnell sank, wie sie gestiegen war. Keuchend stand Honosusori am nassen Strand und sah mit unterwürfigem Blick zu seinem Bruder hoch. In einigen Berichten heißt es, Hikohoho habe die Juwelen wiedergeholt und später noch viele Male verwendet.

Die stürmische Nacht, die Toyotama Hikohoho als Zeit des Gebärens vorausgesagt hatte, kam bald danach. Dicht am Strand hatte er schon eine Hütte errichtet, in der seine Frau Schutz finden sollte, und nun wartete er auf sie. Er zitterte vor Angst, denn Blitze teilten den Himmel, und Donner erschütterte die Nacht; die Wellen brachen sich am Strand im Wüten der Elemente. Vom Wind geschüttelt, stand Hikohoho stundenlang einsam am Strand. Mitternacht ging vorüber, und der Prinz war durchnäßt und schlotterte vor Kälte. Dann endlich sah er Toyotama mit ihrer Schwester Tamayori aus der Brandung steigen. Ruhig verließen sie das tosende Meer und kamen über den Strand, um ihn zu umarmen.

Toyotamas Entbindung stand kurz bevor. Hikohoho begleitete sie zur Gebärhütte; sie ging sofort hinein und bat ihren Mann, ihr bei der Geburt nicht zuzusehen. Doch als er die Schreie seiner Frau hörte,

trieb ihn die Neugier, und er spähte durch die Ritzen zwischen den Brettern. Er sah, wie sie sich in den Wehen wand, und konnte sie kaum wiedererkennen, denn sie hatte die Gestalt eines grünschuppigen, langschwänzigen Drachen angenommen.

Bittere Folgen

Als Toyotama vor Schmerzen den Kopf hin- und herwarf, fiel ihr Blick auf ihren Mann. Sie sagte nichts, doch er wußte, daß sie aufs äußerste gekränkt war, weil er sie in ihrer Drachengestalt erblickt hatte. Die Geburt verlief gut, und bald war ein schreiender kleiner Knabe entbunden. Doch Toyotama machte Hikohoho Vorwürfe, weil er sein Versprechen, ihr bei der Geburt nicht zuzusehen, gebrochen hatte. Traurig sagte sie ihm, es sei ihr Wunsch gewesen, Meer und Land für immer zu vereinen, so daß Menschen und Wesen aus dem Meer zueinander gelangen könnten. Nun würden Meer und Land ewig getrennte Reiche bleiben. Bitter bereute Hikohoho seinen Verrat und flehte seine geliebte Frau an, ihn nicht zu verlassen.

Doch Toyotama ließ sich nicht erweichen. Sie nahm das Kind, hüllte es in Binsen und legte es liebevoll an den Strand. Dann schritt sie ins Wasser hinein und versperrte den Meeresweg, der bis dahin Japans Inseln mit dem Reich des Meeresgottes verband. Hikohoho blieb verzweifelt am Strand zurück und vergaß für einen Augenblick sogar seinen kleinen Sohn, der vor seinen Füßen lag.

Als Hikohoho wieder zu sich kam, stand vor ihm die jüngere Schwester seiner Frau, Tamayori, die auf der Erde geblieben war, um Hikohoho beim Aufziehen des Kindes zu helfen. Später sollte sie die Frau des Knaben werden, und aus ihrer Ehe gingen viele Kinder hervor, darunter vor allem Jimmu, der Begründer der japanischen Kaiserfamilie.

An einem windgepeitschten Strand gebar Toyotama einen Knaben, welcher der Vater von Jimmu wurde, dem Begründer der japanischen Kaiserdynastie. Dieser Faltschirm von Mori Ippo enthält die traditionell schönen Elemente: weißen Sand, Kiefern und ein ruhiges Meer, das sich im Dunst der Ferne verliert (um 1847).

Jimmu, der erste Kaiser

Jimmu verbrachte seine Jugend auf der westlichen Insel Kyushu, wo sich sein Großvater Hikohoho niedergelassen hatte. Später, als Erwachsener, versammelte er seine Brüder und Kinder um sich und eröffnete ihnen, daß er das von Amaterasu begonnene Werk fortsetzen und den Glanz der kaiserlichen Herrschaft auf die Region Yamato auf der Insel Honshu ausdehnen werde.

Im *Kojiki* wird Jimmu als historische Person dargestellt. In Wirklichkeit aber war er eine mythische Gestalt, und die Wissenschaftler können sich über die Fakten, die diesem Mythos zugrunde liegen, nicht einig werden. Traditionell wird das Datum für Jimmus Thronbesteigung mit dem Jahr 660 v. Chr. angesetzt. Es ist aber belegt, daß die Sippe, aus der die kaiserliche Familie hervorging, erst vom 4. bis 5. Jahrhundert in den Vordergrund trat; es sind die Yamato aus der gleichnamigen Region auf der Insel Honshu.

Manche Historiker weisen darauf hin, daß die Geschichte der Abwanderung von Kyushu der tatsächlichen Wanderung der Stämme entspreche, die in der Region Yamato ein erstes Reich gegründet hätten; andere hingegen meinen, daß die Dynastie dort ohne jede Wanderung an die Macht kam. Ebenfalls strittig ist die Theorie, daß dem in der Jimmu-Legende beschriebenen Feldzug das – historisch gesicherte – Eindringen Altaisch sprechender Stämme zugrunde liege.

Dem *Nihongi* zufolge war der Kaiser fünfundvierzig Jahre alt, als er seine Eroberungs- und Siedlungszüge begann. Von Kyushu aus zog er mit einer großen Streitmacht zu Lande und zu Wasser los. An der Spitze einer gewaltigen Flotte reisend, begegnete Jimmu einer Gottheit, die rittlings auf einer Schildkröte saß und ihm anbot, auf See als Führer zu dienen. Viele Häfen, Flüsse und Siedlungen in Japan erhielten ihre Namen nach Ereignissen, die auf Jimmus Marsch stattfanden. Er traf und unterwarf noch viele Gottheiten, die später zu Vorfahren bedeutender japanischer Sippen werden sollten.

Am Berg Kusaka trat Jimmus Truppen das Heer des dort beheimateten Herrschers Nagasunekiho entgegen. Es kam zu einer Schlacht, in der Jimmus älterer Bruder Itsuse schwer verwundet wurde. Jimmu beschloß den Rückzug, denn die Sonne stand niedrig und blendete seine Krieger. Er wollte das feindliche Heer umgehen und mit der Sonne im Rücken angreifen. Für seine Männer würde dies die Macht der Dynastie der Sonnengöttin symbolisieren.

Itsuses Tod

Jimmus Männer zogen sich also zurück und marschierten weiter. Währenddessen litt Itsuse an seiner tiefen Pfeilwunde. Doch er klagte nicht, sondern legte seine Rüstung wieder an, damit alle sahen, wie tapfer und standfest er war. Seine Kräfte ließen aber nach, und als das Heer den Berg Kama erreichte, starb er und wurde mit großen Ehren bestattet. Manche Forscher glauben, daß Itsuse nach alter Überlieferung so-

Die Schildkröte, die Jimmu auf seinem Feldzug diente, ist ein Symbol langen Lebens und Hüterin der nördlichen Zeichen des japanischen Tierkreises. Bronzeskulptur aus dem späten 18. Jahrhundert von Murata Seimin.

Die Kaiser, „Söhne der Sonne“

Die Kaiser Japans können ihre Herkunft auf die ersten Tage der Schöpfung zurückführen, denn der Ahn des ersten Kaisers Jimmu war der große Izanagi. Jimmu war mit ihm durch die Abkömmlinge von Amaterasu, Izanagis Tochter, verwandt, was die Rechtmäßigkeit seiner Herrschaft belegt.

Amaterasus Enkel Honinigi wurde mit den drei Insignien kaiserlicher Macht auf die Erde gesandt *(Seite 62)*. Er zeugte den Prinzen Hikohoho, der sich auf den Meeresgrund begab und Toyotama heiratete, die Drachentochter des Meeresgottes. Ihr Sohn – am Strand geboren und von der Mutter zurückgelassen – heiratete später sein Kindermädchen Tamayori, seine Tante. Tamayori war nämlich ebenfalls eine Tochter Watazumis und damit eine Schwester Toyotamas. Das Paar bekam viele Kinder, von denen eines Jimmu war.

In den Vermählten Felsen bei Futamigaura in der Ise-Bucht fand Japans erstes Ehepaar, Izanagi und Izanami, Unterschlupf. Die mächtigen, heiligen Seile sind Symbole der Ehe.

gar Jimmus Vorgänger als Kaiser gewesen sein könnte. Im *Kojiki* ist das für die Beschreibung seines Todes verwendete Bildzeichen das gleiche, das dem Tod von Kaisern vorbehalten ist. Auch die Tatsache, daß zwischen Honinigi und Jimmu mehrere Generationen liegen, deutet auf eine Periode der Konsolidierung durch die Neuankömmlinge in Kyushu hin, bevor sie nach Osten weiterzogen.

Futsu no Mitama, das Wunderschwert

Das Heer hielt die angemessene Trauerzeit ein, marschierte dann aber zügig weiter. Nach einer gefährlichen Überfahrt über die tosende See gingen sie bei dem Dorf Kumano an Land. Dort zog, als sie gerade das Lager aufschlugen, ein riesiger Bär an ihnen vorbei; sein dröhnendes Brummen ließ sie erschauern. In jener Nacht wurden Krieger und Kaiser von einer schrecklichen Schwäche befallen, als ob ihre Nahrung oder die Luft, die sie atmeten, vergiftet worden seien. In Wirklichkeit hatten die Götter der Region einen giftigen Hauch ausgespien. Doch Rettung erfolgte durch die Schutzgöttin des Heeres, Amaterasu. Ein Mann namens Takakuraji hatte in jener Nacht geträumt, wie sich Amaterasu und die Donnergottheit Take-mikazuchi in den Himmelsgefilden berieten. Die Göttin wußte, daß ihr Nachkomme um seine göttlich verordnete Aufgabe zu kämpfen hatte, und befahl Take-mikazuchi, zur Erde hinabzusteigen und zu helfen. Take-mikazuchi erwiderte, er brauche nicht selbst hinunterzugehen, denn er könne sein Schwert Futsu no Mitama senden; es werde das kaiserliche Heer zum Sieg führen. Dann forderte er den träumenden Takakuraji auf, sich nach dem Erwachen in das Vorratszelt zu begeben: Dort werde er das heilige Schwert finden.

Takakuraji tat, wie ihm geheißen, und fand tatsächlich ein großes Schwert. Wie in der Geschichte von dem Besuch zweier Gottheiten bei Okuninushi am Strand von Inasa *(Seite 60)* stand das Schwert auf dem Griff, während die Spitze – glänzend im Himmelslicht – nach oben wies. Takakuraji ergriff es und brachte es Jimmu, der gerade aus seiner Bewußtlosigkeit erwachte. Mit dem Wunderschwert wurden die feindlichen Gottheiten unterworfen. Das Heer gewann seine Stärke zurück und marschierte weiter.

Die Sonnen-Krähe und die Dynastie

Jimmus Truppen stiegen in das Gebirge, doch der Weg wurde so gefährlich, daß sie einen Halt einlegen mußten. Nun griff Amaterasu ein. Sie erschien Jimmu im Traum und versprach, ihm einen göttlichen Führer in Gestalt eines roten Vogels mit drei Krallen zu schicken, nämlich Yatagarasu, die „Sonnenkrähe".

Die Krähe kam herab und führte das kaiserliche Heer quer durch Berge und Täler in die Region von Uda, die von zwei Brüdern namens Ukeshi regiert wurde. Hier wurde Jimmu von Ukeshi dem Jüngeren willkommen geheißen, der sich ihm unterwarf und verriet, daß sein älterer Bruder Widerstand plane. Ukeshi der Ältere habe Truppen gesammelt, habe aber Angst bekommen, als er das gewaltige kaiserliche Heer gesehen habe, und sei umgekehrt. Nun habe er eine Halle gebaut, die eine tödliche Falle enthalte. Sein Plan sei es, Jimmu zu einem Festessen zu laden und dann in den Raum zu führen, wo diese Vorrichtung seinem Leben ein Ende bereiten solle.

Jimmu schickte den treuen Krieger Michi-no-omi, um die Lage zu erkunden. Er traf auf Ukeshi den Älteren und warf ihm seinen Verrat vor; dann zog er wütend sein Schwert und trieb den unehrenhaften Ukeshi in die von ihm gebaute Halle. Ukeshi fiel in die tödliche Falle und starb. Michi-no-omi zog den Toten heraus, schlug ihm den Kopf ab, so daß das Blut herausströmte und auf seine Knöchel spritzte, bevor es versickerte. Seitdem heißt der Ort Uda no Chi-hara („Die blutige Ebene von Uda").

Ukeshi der Jüngere lud dann zu einem Fest mit Fleisch und Sake für die Truppen, und Jimmu sang zur Unterhaltung der Männer ein humorvolles Lied, das davon handelt, wie ein Mann seiner jüngsten Ehefrau die besten Fleischstücke gibt und gleichzeitig von der ältesten erwartet, daß sie sich mit den mageren Brocken zufrieden gibt.

Jimmu setzte seinen Eroberungszug fort, besiegte alle Gegner und führte überall, wohin er kam, Recht und Ordnung ein. Als er schließlich alle Feinde hinweggefegt hatte, baute er einen prächtigen Palast bei Kasipara in Yamato. Dort heiratete er die Schönheit Apirahime, suchte aber dennoch nach einem anderen Mädchen als Hauptgemahlin.

Eines Tages hörte er von einer jungen Frau namens Isuke-yori-hime, in deren Adern göttliches Blut floß. Man erzählte, ihre Mutter habe einst die Aufmerksamkeit Omononushis erregt. Eines Tages sei der Gott ihr gefolgt, als sie sich erleichtern gegangen sei. In einen roten Pfeil verwandelt, habe er sich ins Wasser fallen lassen und sei neben ihr aufgetaucht. Sie habe den Pfeil mit nach Hause genommen und in der Nacht entdeckt, daß er zu einem schönen jungen Mann geworden sei. Sie habe ihn geheiratet, und ihr gemeinsames Kind heiße Isuke-yori-hime.

Dieser Göttertochter Isuke-yori-hime begegnete Jimmu in der Nähe des Palastes. Ihre Bescheidenheit und Schönheit beieindruckten ihn, und er warb um sie, bis sie nach einiger Zeit seine Gemahlin wurde. Drei prächtige Söhne gebar sie ihm. Viele Jahre später, als Jimmu schon gestorben war, mußte Isuke-yori-hime ihre Söhne vor den bösen Absichten ihres Halbbruders Tagishi-mimi – ein Sohn Apirahimes – schützen, der die Knaben nach Yomi verbannen wollte, um allein zu herrschen.

Da Isuke-yori-hime nicht offen darüber sprechen durfte, ermahnte sie ihre Söhne, auf der Hut zu sein und Lieder zu singen, die von der düsteren Natur und dem Aufziehen schwerer Wolken über dem Berg handelten. Einer der Söhne, Take-nunakawa, tötete dann Tagishi-mimi und sicherte so die rechtmäßige Erbfolge des Kaiserhauses. Als Kaiser Suisei wurde er Jimmus Nachfolger und festigte die Dynastie, die gemäß der Überlieferung bis zum heutigen Tage ununterbrochen herrscht.

Die göttliche Krähe weist Jimmu den Weg, und er bringt sein Volk in die neue Heimat. Krähen wurden im alten Japan als Boten der Sonnengöttin verehrt. Japanischer Druck, 19. Jahrhundert.

大日本名將鑑
鸕鷀草葺不合尊第四の子御諱を神日本磐余彦
と申す天照太神より五代の孫日向國宮崎に都を
天皇御年四十五諸皇子と師を率ひて安藝に
到り吉備を經攝津河内と海へ和歌に長髄
彦を討ち遂に天照太神の夢想に因て頭八
咫烏を郷導として菟田に出で兄猾を討ち八十
梟を討ち兄磯城を討ち六年にして中州
定まり大和國畝傍山の東南橿
原に都し正月天皇位に即き 歳を改めて
元年とす七十六年三月崩ず寿一百廿一歳
傍山の東北の陵に葬る是を人皇の始めと為るなり
神武天皇
大蘇芳年

新中納言平知盛
一勇齋國芳画

LAND DER HELDEN

Sechseinhalb Jahrhunderte nachdem der Tenno, der Kaiser, *kamikaze* herbeigerufen hatte – den „Götterwind", der die Invasionsflotte der Mongolen zerstört hatte –, beflügelte dasselbe Wort die jungen japanischen Kampfflieger zu ihrem tragischen Heldentum. Jeder der Piloten, deren selbstmörderischer Mut den Alliierten so schwer zu schaffen machte, ließ sich von der Tapferkeit und dem Selbstopfer einer langen Reihe von mythischen Helden beseelen. „Die japanische Lebensart ist wirklich schön", schrieb ein *kamikaze*-Flieger in seinem letzten Brief an den Vater; besonders stolz sei er auf die Geschichte und Mythologie, die den „Glauben seiner Landsleute an die Vergangenheit" widerspiegelten. In den Erzählungen über japanische Helden gibt es nichts Archaisches; deshalb sind sie im modernen Japan lebendig wie eh und je und bleiben für das Selbstgefühl des Landes wichtig. Eine in Jahrhunderten der Isolation gewachsene Identität wurde auch durch Jahrzehnte weltweiter Handelsbeziehungen wenig verändert: Noch heute ist Japan ein Heldenland, in dem die Namen großer Krieger der Vergangenheit nicht vergessen sind.

Oben: **Ein Wächter des Toshogu-Schreins in Nikko, Honshu. Der Schrein wurde als Mausoleum für Ieyasu, den Begründer des Tokugawa-Shogunats, gebaut. Heian-Periode, 17. Jahrhundert.**

Dies ist allerdings auch darauf zurückzuführen, daß der Feudalismus erst vor relativ kurzer Zeit sein Ende fand. Als im Westen längst die moderne Zeit angebrochen war, wurde Japan wie seit Jahrhunderten von Kriegsherren regiert. Die herrschende Kriegerkaste bezog ihr Selbstverständnis aus Geschichten mythischen Heldentums und rechtfertigte ihren Herrschaftsanspruch mit ihnen. Der Samurai, der Steuern einzog und in seinem Gebiet für Recht und Ordnung sorgte, war fraglos ein direkter Nachfahr derer, die Drachen getötet hatten und für Japan gestorben waren. Die Religion hatte nichts dagegen einzuwenden. Der shintoistische Glaube an die Göttlichkeit des Kaisers und die Unantastbarkeit der Samurai wurde vom Einfluß des Konfuzianismus mit seiner Betonung der Ordnung sowie seinem Respekt für die Herrschenden noch unterstützt. Der Zen-Buddhismus harmonisierte ebenfalls mit dem japanischen Kriegerethos, auch wenn sein zentrales Anliegen die friedliche Kontemplation ist. Schließlich war das Kriegführen nur ein geringer Teil der Pflichten eines Samurai: Der wahre Samurai war mitfühlend mit denen, die schwächer waren als er, ein Kämpfer für Wahrheit und Gerechtigkeit. Die von Zen geforderte geistige Selbstdisziplin förderte das unermüdliche Einüben von Kampftechniken, während sich sein Konzept der Selbstversenkung in der Tradition des heroischen Selbstopfers widerspiegelt. Geschichte, Religion und Mythologie haben also gemeinsam dazu beigetragen, daß in Japan die Heldenverehrung lebendig bleibt.

Gegenüber: **Der Tod Tomomoris 1185 in der Schlacht von Dannoura. Tomomori folgte lieber dem Kindkaiser Antoku in den Tod als die Schmach seiner Niederlage zu erdulden. Farbholzschnitt von Kuniyoshi, um 1844.**

Wie ein Held seinen Namen erhielt

Yamato-takeru, der Sohn eines Kaisers, war einer der größten mythischen Helden Japans – und zugleich der zwiespältigste. Einmal trat er als tapferer Krieger auf und einmal als schäbiger Mörder, einmal als edler Ritter und einmal als gerissener Betrüger.

Unter den achtzig Kindern des Kaisers Keiko fielen die beiden jüngsten wegen ihrer edlen Haltung und ihrer Schönheit besonders auf. Die Zwillinge glichen einander in jeder Hinsicht, waren sie doch gemeinsam im Mutterschoß herangewachsen. Nur in einem Charakterzug unterschieden sie sich: Der Mut des jüngeren äußerte sich in Grausamkeit und Rücksichtslosigkeit, manchmal auch in Jähzorn. Eines Tages, nachdem der ältere Zwilling mehrmals hintereinander nicht zum Abendessen erschienen war, fragte der Vater den jüngeren, wo sein Bruder denn bleibe, und er solle ihm ausrichten, daß ihm dies mißfalle. Der Kaiser bestand darauf, daß der Bruder von nun an bei jeder Abendmahlzeit zugegen sei. Die Mahlzeiten waren wichtige Anlässe für den Kaiser, vor der Familie und den Vasallen Hof zu halten: Nahm der Prinz sie nicht so wichtig, so kam dies einer schweren Kränkung gleich.

Fünf Tage später war der Getadelte immer noch nicht erschienen, und der Vater konnte seinen Ärger kaum noch verbergen. Er ließ den jüngeren Zwilling rufen und fragte, ob er mit seinem Bruder gesprochen habe, wie ihm befohlen worden sei. Ja, antwortete der Knabe, und zwar mit Nachdruck. Von einer dunklen Ahnung erfüllt, erkundigte sich der Vater, was das zu bedeuten habe. Er habe seinem Bruder aufgelauert, berichtete der Knabe unbekümmert, als dieser sich am Morgen auf der Palasttoilette erleichtern wolle. Dann habe er den Ahnungslosen umgebracht, seine Leiche zerstückelt und verschwinden lassen. So werde der undankbare Bösewicht seinen Vater nie wieder respektlos behandeln.

Erschüttert von der brutalen Loyalität seines Sohnes, beschloß der Kaiser, ein angemesseneres Betätigungsfeld für ihn zu finden. Auf der Stelle schickte er ihn hinunter nach Kyushu, um die Banditenbanden zu bekämpfen, die den Frieden dieser südlichen Insel störten. Vor seiner Abreise brachte der Prinz an den

***Geschichten von Yamato* – eine Sammlung von Erzählungen aus dem 10. Jahrhundert – aus der Serie „Zehn Zeichnungen zu alten Geschichten". Holzschnitt von Yashima Gakutei, um 1820.**

Ise-Schreinen Opfer dar und bat die Göttin Amaterasu, sie möge sein Unternehmen beschützen. Seine Tante, eine Hohepriesterin in einem der Tempel Amaterasus, freute sich, als sie von dem Auftrag hörte. Sie gab dem Prinzen ein kostbar gewebtes Gewand aus feinster Seide und riet ihm, es überall, wohin er auch gehe, bei sich zu haben, damit das Glück ihn nicht verlasse.

Und so machte sich der junge Mann auf den Weg in den Krieg, neben sich seine schöne junge Frau Ototachibana, hinter sich eine Schar bewaffneter Getreuer. Als sie aber nach Kyushu kamen, mußten sie feststellen, daß ihre Aufgabe nicht zu bewältigen war: So übermächtig war der Feind, so unwirtlich das gebirgige Terrain der Insel. Eine offene Feldschlacht kam nicht in Frage, wie der Prinz sofort erkannte: Sie waren in der Minderheit und auf dem unbekannten Gelände wahrscheinlich unterlegen. Die einzige Möglichkeit war ein Hinterhalt, in den man die Anführer der Banditen locken mußte. Doch selbst dies war leichter gesagt als getan: Der Banditenhäuptling Kumaso hielt sich immer wieder bei einer anderen der im unwegsamen Inneren der Insel verstreuten Banden auf. Doch durch einen Zufall erfuhr der Prinz, daß der Feind eine Festhalle erbaut hatte und gerade dabei war, sie mit einem Bankett zu eröffnen.

Der Prinz verkleidete sich als junges Mädchen, um die Wachen seines Feindes abzulenken. Porträt einer Frau beim Stimmen ihrer *shamisen*. Toyokuni, 1769–1825.

Der Prinz erkannte seine Chance und ließ sich das Gewand bringen, das ihm seine Tante geschenkt hatte. Nachdem er gebadet und sich mit duftenden Ölen eingerieben hatte, befahl er seiner Gemahlin, Prinzessin Ototachibana, ihm beim Ankleiden behilflich zu sein. Er öffnete sein Haar und steckte einen hübschen Kamm hinein; ein paar Juwelen, ein bißchen Schminke, und – der Mann war eine Dame! Drei Reihen schwerbewaffneter Banditen bildeten einen Ring um die Bankethalle. Doch diese Truppe, die ein ganzes Heer erschreckt hätte, konnte einer schönen jungen Dame keine Angst einjagen. So ein bezauberndes Wesen brauchte keine Einladung: Sie wurde natürlich ohne Kontrolle zur Feier eingelassen. Kumaso bestand sogar darauf, daß sie ihm persönlich Gesellschaft leiste.

Der von seiner Gemahlin in den weiblichen Verführungskünsten geschulte Prinz hatte auch den trippelnden Gang eines zarten Mädchens eingeübt. Mit klimpernden Wimpern und sittsam gesenktem Blick erregte er die Begierde des Banditenhäuptlings. Völlig betört von der verführerischen Fremden, verlangte Kumaso immer wieder nach ihrer Gesellschaft: Unaufhörlich leerte er seinen Becher und rief nach ihr, nur damit er das Vergnügen hatte, sie neben sich stehen zu sehen. Es dauerte nicht lange, bis er vom Alkohol benommen war. Dann aber sah er das vermeintliche Mädchen ihr Gewand öffnen. Lüstern beugte er sich vor, um einen Blick auf die schneeweißen Frauenbrüste zu erhaschen, erblickte aber statt dessen die blanke Waffe vor der Brust seines Verführers. Als das lange Messer im Kerzenlicht des Festes aufblitzte, erkannte Kumaso, daß er überlistet worden war. Zu spät – tief grub sich die Klinge in seinen Körper.

Als Kumaso den Tod nahen fühlte, fragte er seinen Mörder, wer er sei. Als er erfuhr, daß jener der Sohn des Kaisers war, bat er ihn, ihm einen neuen Ehrennamen geben zu dürfen. Bis zu diesem Tage, so sagte er, hätten alle, auch er selbst, ihn, Kumaso, für den stärksten und tapfersten Mann im ganzen Land gehalten. Nun aber, in seinem letzten Stündchen, wisse er, daß er sich getäuscht habe: Von nun an solle der Prinz „Yamato-takeru", tapferster Mann Japans, heißen.

Das Grasmäher-Schwert

Der zur Unterwerfung der Yemeshi, der aufrührerischen Ainu-Stämme, in die östlichen Provinzen des Reiches entsandte Yamato-takeru entrann dem sicheren Tod durch das Wunderschwert Kusanagi, das ein Geschenk des Gottes Susano war.

Eine Welle von Unruhen fegte über die fernen östlichen Regionen des Reiches. Wer, so fragten die Ratgeber den Kaiser, wäre besser zu ihrer Niederschlagung geeignet als der Bezwinger von Kumaso? Also sandte man nach Prinz Yamato-takeru und beauftragte ihn mit der Wiederherstellung der Ordnung bei den Ainu im Osten. Der Vater aber warnte ihn, er dürfe nicht mit einem leichten Sieg rechnen. Die Kyushu-Banditen mochten wilde Gesellen gewesen sein, so der Kaiser, doch waren sie geradezu zahm im Vergleich zu den unregierbaren Ainu.

Die Vorbereitung

Durch ihre andersartige Lebensweise erweckten die Ainu die Feindschaft der Japaner. Sie errichteten keine dauerhaften Behausungen, sondern zogen lieber, den Jahreszeiten folgend, als Nomaden umher. Ihre weniger hierarchisch gegliederte Gesellschaft – die keine Anführer kannte, mit denen man Verhandlungen führen konnte – wurde voller Verachtung als anarchisch betrachtet. Ihre kriegerischen Fähigkeiten sowie die entschlossene Verteidigung ihrer Lebensart machte die Ainu zu gefürchteten Kämpfern. Ihr Kampfgeist war so groß, daß frühere Kaiser die Verwüstungen, die sie anrichteten, nicht geahndet hatten. Doch diese Nachgiebigkeit hatte die Ainu nur ermutigt, und ihr frecher Stolz wurde immer größer. Das Leben in den östlichen Provinzen des Reiches war nun gestört. Bei mehreren Überfällen waren Frauen entführt worden, während die Männer auf den Feldern gearbeitet hatten. Die gesellschaftliche und wirtschaftliche Stabilität der ganzen Region war in Gefahr. Yamato-takeru habe diesem Feind eine Lektion zu erteilen, schloß der Kaiser; er dürfe ihn aber nicht unterschätzen.

Mit dem Versprechen, den Befehlen seines Vaters bis in jede Einzelheit zu folgen, begab sich Yamato-takeru wieder zu den Ise-Schreinen. Er erzählte seiner Tante, der Priesterin, von seinem Vorhaben, die Ainu zu bestrafen, und diesmal gab sie ihm das Murakumo-Schwert, das der Gott Susano vor vielen Jahrhunderten gefunden hatte *(Seite 55)*, sowie einen Beutel mit Feuersteinen, die ihm, wie sie sagte, dereinst nützlich sein würden. Vom Wert des wohlgeformten Schwertes brauchte der junge Krieger nicht erst überzeugt zu werden. Aber wozu die Feuersteine gut sein sollten, konnte er sich beim besten Willen nicht vorstellen. Er nahm sie jedoch aus Höflichkeit und aus Respekt vor der alten Priesterin an sich.

Ein japanisches Schwert spiegelte gleichsam die Seele seines Besitzers wider. Es gibt zudem viele mythische Verbindungen zu Drachen – der Gott Susano beispielsweise fand sein Schwert im Schwanz eines solchen Fabeltiers. Dieses lange, gekrümmte *tachi* hat einen Drachenkopfgriff, silberne Beschläge mit Gravuren und Lackverzierungen, in die Drachen- und Wolkenmotive aus Silber eingelegt sind.

Durch ihre Lebensweise unterschieden sich die Ainu von den Japanern, die sie verachteten, weil sie Pelze statt gewebte Stoffe trugen und Fleisch statt Feldfrüchte aßen. Die Handbuch-Illustration zeigt Ainu mit einem Schlitten und Hunden in Kita Ezo Chibli, dem nördlichen Hokkaido, wo die letzten Ainu leben.

Eine Feuerprobe

Hätte Yamato den Worten seines Vaters doch mehr Aufmerksamkeit geschenkt, dann wäre sein Feldzug gegen die Ainu womöglich glimpflicher abgelaufen. Bei seiner Ankunft im Osten fand er aber eine Situation vor, in der auch nicht der geringste Hinweis auf die beunruhigenden Warnungen des Kaisers zu erkennen war. Die Ainu hießen ihn mit ausgesuchter Höflichkeit und vollendeten Umgangsformen willkommen und scheuten offenbar keine Mühe, um ihrem kaiserlichen Gast den Aufenthalt angenehm zu machen.

Nach mehreren Tagen friedlichen Feierns nahm der Prinz die Einladung seiner Gastgeber zu einer Rotwildjagd in einer entfernten Region der Provinz an. Die Ainu erzählten ihm, dort gebe es riesige Hirsche, die so dicht nebeneinander stünden, daß ihre Beine wie ein dichter Wald wirkten, und deren Atem die ganze Landschaft einhülle wie ein Morgennebel.

Die Feuerwand

Begierig auf eine so reiche Jagdbeute, preschte der Prinz erwartungsvoll über die Grasebene. Plötzlich sah er vor sich ein Feuer. Beunruhigt wandte er sich um, doch er war ganz allein. Schon sah sich der Reiter von einer hohen Flammenwand eingeschlossen, die unaufhaltsam vorrückte.

Der Held erkannte, daß er in der Falle saß, und war der Verzweiflung nahe, doch dann erinnerte er sich an das besondere Schwert und die Feuersteine, die ihm seine Tante mitgegeben hatte. Eifrig rieb er die Feuersteine aneinander und entzündete ein Feuer rund um den Platz, an dem er stand. So schuf er einen Schutzring aus verbranntem Gras. Die hohen Gräser innerhalb des Kreises mähte er mit seinem Schwert. Nun konnten die Flammen soviel züngeln und lodern, wie sie wollten: Sie kamen nicht näher an ihn heran.

Yamato-takeru war in Sicherheit, während das Flammenmeer langsam erlosch. So kam es, daß der Held nicht bei lebendigem Leibe verbrannte, sondern, kaum mehr als schweißgebadet, unversehrt aus dem Inferno heraustrat. Allerdings hatte ihm dieses Erlebnis seine anfängliche Leichtgläubigkeit ganz und gar ausgetrieben: Nie wieder würde er so dumm sein und seinen Gastgebern trauen.

Was die Ainu betraf, so gerieten sie aus der Fassung, als sie den Prinzen aus der Hitzehölle hervorkommen sahen, als wäre nichts geschehen. Völlig demoralisiert ergriffen sie die Flucht. Doch der Held hatte sein Werk noch nicht vollendet: Er nahm ihre Verfolgung auf. Daß sein nun als Kusanagi („Grasmäher") berühmtes Schwert weit mehr mähen konnte als nur Gras, wurde bald blutige Wahrheit. Als der Prinz geendet hatte, war die ganze Provinz mit den Leichen seiner Feinde übersät und die Erde blutgetränkt. Yamato-takeru hatte mit seinem Schwert die Unabhängigkeit der Ainu zerschmettert.

Yamato-takerus Ende

Zwei Selbstopfererzählungen vollenden die Geschichte des mit Fehlern behafteten Helden, dessen Ruf durch sein trauriges Ende wiederhergestellt wurde. Als erstes folgte seine Gemahlin, die er schlecht behandelt hatte, dem, was sie pflichtbewußt für den rechten Pfad der Ehe hielt; dann begab sich ein gedemütigter und trauernder Yamato auf seine letzte Reise.

Yamato-takerus Tapferkeit im Kampf stand im Widerspruch zu seinem unritterlichen Verhalten zu Hause. Durch ihre hohe Geburt und ihre Schönheit war Prinzessin Ototachibana eine der großen Damen ihrer Zeit. Doch Yamato-takeru verachtete sie. Sie ertrug seine Geringschätzung mit Demut und Geduld; nie beklagte sie sich über die Herabsetzungen, sondern bemühte sich stets, seine Liebe zu gewinnen.

Als ständige Begleiterin ihres Ehemannes auf seinen jahrelangen Kriegszügen fühlte Ototachibana ihre Jugend unerbittlich dahinschwinden, da unter der stechenden Sonne von hundert Märschen die unvergleichliche Schönheit aus ihrem Gesicht wich. Ein freundliches Wort oder eine zärtliche Geste hätten sie für alles, was sie verloren hatte, mehr als entschädigt – doch selbst diese wurden ihr nicht gewährt. Ototachibanas Tapferkeit war ebenso groß wie ihre Traurigkeit, und so schaffte sie es immer zu lächeln.

Selbst als ihr Ehemann auf dem Weg zur Niederwerfung eines Ainu-Aufstandes Prinzessin Miyazu traf und sich in sie verliebte, gelang es Ototachibana, ihren Kummer vor der Welt zu verbergen. Miyazu besaß die mädchenhafte Anmut und Schönheit, die Ototachibana nun verloren hatte, und Yamato-takerus Bewunderung für sie brach seiner Gemahlin das Herz. Dennoch lächelte sie weiter, als ihr Ehemann Miyazu versprach, er werde zurückkehren und sie zu seiner zweiten Frau machen. Zuvor aber müsse er noch eine Heldentat vollbringen – und dafür brauchte er seine geduldig leidende Ehefrau.

An Izus Küste sahen sie die Meerenge von Kazusa vor sich liegen. Sie mußten auf die andere Seite gelangen, wollten sie die Gegend erreichen, wo sich die Rebellen aufhielten. Yamato-takerus Gefährten fürchteten sich vor der Überfahrt, doch der Held zerstreute ihre Ängste. Die Meerenge sei ja nur ein kleines Rinnsal – sie könnten praktisch hinüberspringen. Durch seine verächtliche Bemerkung beschämt, stachen sie unverzüglich in See, doch kaum hatten sie sich von der Küste entfernt, ließ sie der Geist der Meerenge sein Mißfallen spüren. Aus dem Nichts erhob sich ein tobender Sturm und wies den großspurigen Prinzen in

Yamato-takerus mangelnde Ehrfurcht erzürnte den Geist der Meerenge. Er sandte einen heftigen Sturm, der das Schiff des Helden in Gefahr brachte. Der Farbholzschnitt von einem aufgewühlten Meer stammt aus der 1853 entstandenen Serie „Berühmte Orte der Sechzig Provinzen" von Hiroshige.

Eine schändliche Tat?

Yamato-takerus Heldentaten waren großartig, doch sind sie oft sehr weit von heutigen Vorstellungen von edler Gesinnung entfernt.

Seinen Sieg über den Banditenhäuptling Izumo-takeru errang der Prinz mit einem Trick, der heute als schäbig gelten würde. Er machte sich mit Beteuerungen unsterblicher Freundschaft an sein Opfer heran. Nachdem er das Vertrauen des berüchtigten Banditenhäuptlings gewonnen hatte, fertigte Yamato-takeru heimlich ein hölzernes Schwert, das er anstelle seines eigenen aus gehärtetem Stahl in seiner Scheide trug.

An einem heißen Nachmittag, als die Sonne erbarmungslos stach, schlug Izumo-takeru dem Prinzen vor, zusammen im Fluß schwimmen zu gehen. Das war der Augenblick, auf den der Held gewartet hatte. Als sich Izumo-takeru arglos in die Fluten stürzte, schlenderte Yamato-takeru – der am Ufer zurückgeblieben war – unauffällig zu den Sachen des Banditen und tauschte die Schwerter aus. Nach dem Bad schlug der Prinz einen Zweikampf vor – nur so zum Spaß. Vergeblich schwang Izumo-takeru das Holzschwert, während sein „Freund" ihn in Stücke hackte.

seine Schranken. Berghohe Wellen überrollten sein Schiff, der Wind heulte, Blitze zuckten, Donner grollten. Damit ein solches Unwetter sich legte, war ein Menschenopfer erforderlich.

Daß ihr Ehemann schuld an dem Sturm war, ließ Ototachibana nicht einen Augenblick wanken. Kein Opfer konnte zu groß sein, sagte sie sich, um den Mann zu retten, den sie ohne Dank geliebt hatte. Eher würde sie ihr eigenes Leben geben, als daß ihm auch nur ein Haar gekrümmt werde. Auch dachte sie an den Auftrag des Kaisers: Seine Erledigung stand über allem, was auch immer geschehe. Und so opferte sich die tapfere Prinzessin an Bord eines rituellen Floßes, das der stürmischen See übergeben wurde. Die Wogen zogen sie rasch in die Tiefe: Kaum war sie verschwunden, beruhigte sich das Meer, und Yamato-takeru konnte Kurs auf die Küste Kazusas nehmen.

Doch der Prinz, der an Land ging, war gewandelt. Voller Bewunderung für das Selbstopfer seiner Frau dachte er daran, wie wenig er doch je von sich selbst gegeben hatte. Den Rest seines Lebens wollte er in tiefer Trauer um sie verbringen – doch ihm sollte nicht mehr viel Zeit bleiben. Auf Geheiß des Kaisers befreite der Held das Volk von Omi aus dem Würgegriff eines schauderhaften Drachen. Er hatte das Ungeheuer mit bloßen Händen erwürgt und glaubte, damit sei seine Arbeit getan. Doch der Drache war nur der Lakai eines viel schrecklicheren Dämons. Sein teuflischer Herr war mit dem Helden noch lange nicht fertig: Er füllte den Himmel mit Finsternis und Regen und sandte eine Krankheit, die vom Körper des Prinzen Besitz nahm. Unaufhaltsam verließen ihn die Kräfte, und er eilte heimwärts, um dem Kaiser ein letztes Mal Bericht zu erstatten. Doch als er die Nobo-Ebene überquerte, wußte er, daß sein Ende gekommen war. Nie mehr, das spürte er, würde er seinen Vater wiedersehen. Er starb an diesem einsamen Ort – ein allzu menschlicher Held, der durch sein Selbstopfer zu ewigem Ruhm kam. Der Kaiser ließ in tiefer Trauer über den Tod seines Lieblingssohnes in der Ebene, in der er gestorben war, einen Grabhügel errichten, doch bald danach nahm der Leichnam die Gestalt eines großen weißen Vogels an und flog zurück nach Yamato, seiner Heimat.

Yorimitsu, Schrecken der Dämonen

Innere Stärke und Schläue fanden sich in vielen der großen Helden japanischer Überlieferung vereint, doch niemand besaß diese Eigenschaften in größerem Maße als der unvergleichliche Yorimitsu, der vom Kaiser gerufen wurde, um das gräßliche Ungeheuer Shutendoji zu bekämpfen.

Unter der friedvollen Herrschaft Kaiser Ichijos hätte Kyoto eigentlich ein glücklicher Ort sein sollen. In Wirklichkeit aber machten die Untaten des Dämonenkönigs Shutendoji („Betrunkener Knabe") das Leben dort zur Hölle. Shutendoji wohnte auf dem Berg Oye in einer von Teufeln bewachten Festung. Jeder Eindruck von Unschuld, der beim Anblick seines kindlichen Antlitzes entstehen mochte, wurde sogleich von dem riesenhaften, blutrot gekleideten Körper zunichte gemacht. Immer wieder fiel er mit seinem dämonischen Gefolge über die Gegend her und ließ Menschen in seiner Bergfestung verschwinden. Dort wurden sie nach langer Marter zerrissen und aufgefressen.

Das Monster hatte weder vor Rang noch Namen Respekt, und so verfügte der Kaiser, daß Shutendojis teuflischem Treiben endlich ein Ende gesetzt werden müsse. Nur ein einziger schien für ein derart kühnes Unterfangen geeignet: Yorimitsu.

List statt Kampf

Für den ruhmreichen Auftrag, Shutendoji zu finden und zu vernichten, wählte Yorimitsu fünf treue Freunde zu seinen Begleitern aus. Die Übermacht der Feinde, so ließ er sie wissen, sei so groß, daß sie im Kampf nicht zu bezwingen seien: Man müsse daher auf eine List sinnen. Darum bitte er sie, sich als Wanderpriester zu verkleiden und ihre Waffen vor den Augen des Feindes zu verbergen.

Die sechs machten sich auf den Weg, nicht ohne vorher an bestimmten Schreinen göttlichen Schutz für ihr gefährliches Unterfangen zu erbitten. Zwei beteten in Hachimans Tempel, zwei in Kannons, die übrigen zwei im Schrein von Gongen. Derart geistig gestärkt ritten sie furchtlos ins Gebirge und erreichten nach geraumer Zeit den Fuß des Berges Oye. Dichte Wälder und tosende Wasserfälle versperrten ihnen den Aufstieg, aber gerade als die Helden verzagen wollten, erschienen drei alte Männer: Es waren die Götter, denen sie vor ihrem Abschied gehuldigt hatten. Sie gaben Yorimitsu einen Krug mit verzaubertem Sake, damit er ihn Shutendoji anbiete: Das Getränk werde ihn stärker betäuben als alles, was er je getrunken habe. Daraufhin entschwanden die Götter, doch der Krug blieb stehen. Mit neuem Mut drangen die Männer in den Wald ein und setzten ihren Aufstieg fort.

Als sie die Baumgrenze erreichten, stießen sie auf ein in Tränen aufgelöstes Mädchen, das hatte zusehen müssen, wie ein Freund bei lebendigem Leibe von Shutendoji und seinen Kumpanen gefressen wurde. In der Welt unten war sie eine Prinzessin, hier oben aber eine Sklavin: In Shutendojis Reich galten andere Regeln. Als sie von den Plänen der Männer erfuhr, freute sie sich, bezweifelte jedoch ganz offensichtlich, daß sie dabei Erfolg haben würden. Immerhin erklärte sie sich bereit, ihnen den Weg zur Burg

Die Gottheit Kannon im Festgewand, mit kunstvoller Haartracht und Kopfschmuck; sie hält eine Trommel und Trommelstöcke. Bronzeanhänger aus dem 19. Jahrhundert.

Der Schädel und die Spinnenfrau

Diese Erzählung des Chronisten Kenko Hoshi stimmt zwar inhaltlich in mancher Hinsicht mit dem Shutendoji-Mythos überein, unterscheidet sich jedoch in Einzelheiten weitgehend genug, um eine eigene Geschichte zu ergeben – und zwar eine besonders unheimliche.

In Kenko Hoshis Geschichte befand sich Yorimitsu mit seinem treuesten Gefährten Tsuna auf einem Ausritt. Da sahen sie zu ihrer Verwunderung einen Schädel vor sich in der Luft schweben, als triebe ihn ein Wind vor sich her. Nachdem sie ihm eine Weile über die Ebene gefolgt waren, sahen sie, daß er durch die geöffnete Tür eines zerfallenen Herrenhauses verschwand, von dem sie noch nie etwas gesehen oder gehört hatten. Drinnen fanden sie eine runzlige, weißhaarige Alte vor, deren Augenlider sich nach hinten wie eine Haube über ihren Kopf legten und deren Brüste bis unter ihre Knie hingen: Sie sah wie die häßlichste Hinfälligkeit in Person aus. Wie sie ihnen verriet, war sie 290 Jahre alt und Haushälterin eines Hauses voller Dämonen – und als die Männer lauschten, konnten sie tatsächlich das unheimliche Scharren zahlreicher Geisterfüße hören.

Yorimitsu wollte gerade sein Schwert ziehen, als er erstarrte: Wo eben noch die alte Hexe war, stand nun ein schönes junges Mädchen. Einige Sekunden stand er wie benommen; dann erst nahm er wahr, daß die Schöne eifrig damit beschäftigt war, ihn mit einem klebrigen Gespinst einzuwickeln. Als er mit dem Schwert nach ihr stieß, war sie im Nu verschwunden. Mit Tsunas Hilfe durchsuchte er das zerfallene Gemäuer, bis sie in der Ecke eines Kellers eine riesige Spinne hocken sahen. Sie war verwundet, denn aus ihrem Körper ragte die abgebrochene Spitze eines Schwertes.

Als Yorimitsu auf sein eigenes Schwert blickte, sah er, daß die Spitze fehlte: Dieses Ungeheuer also war das schöne Mädchen, das ihn beinahe in ihrem Zaubergespinst gefangen hätte. Die Helden zerrten sie aus dem Versteck und töteten sie. Als sie ihren Leib aufschlitzten, fanden sie darin die Überreste Tausender Opfer.

des Tyrannen zu zeigen, und ging ihnen auf dem halsbrecherischen Pfad voran.

Nach einer Weile erreichten sie den Palast aus tiefschwarzem Eisen. Die Dämonenwächter beäugten die Gruppe mit unheilvollen Blicken. Aber als das Mädchen ihnen erzählte, daß sie eine Gruppe von verirrten Priestern zurückbringe, grinsten sie boshaft und winkten sie vorbei. Das Mädchen geleitete die Männer durch ein Labyrinth von Fluren bis in die Festhalle. Yorimitsu wußte nicht, ob er lachen oder zittern sollte, als er den grotesken Shutendoji vor sich sah.

Der König reagierte auf ihr Eintreffen nicht viel anders als seine Wächter und lächelte hämisch, als er die vermeintlichen Priester in seinem bescheidenen Heim willkommen hieß. Würden sie ihm Gesellschaft leisten, bat er sie, und sein einfaches Mahl mit ihm teilen? Er klatschte in die Hände, und eine Schar von Dienern eilte herbei. Sie deckten den Tisch mit üppiger Kost. Bestürzt sah Yorimitsu, daß er von den Söhnen und Töchtern der edelsten Familien Kyotos bedient wurde, wußte aber, daß er sich seine Empörung nicht anmerken lassen durfte. Er blieb daher äußerlich gelassen, griff nach dem Krug mit dem Sake der Götter und bot ihn in der Runde an. Alle nahmen einen Becher und lobten seine Qualität. So gut schmeckte es ihnen, daß sie nach mehr verlangten.

Bald war die ganze Gesellschaft in bester Stimmung, sang grölend – und immer noch war genug Sake im Krug. Es dauerte nicht lange, bis alle schwer betrunken waren. Nachdem sich Yorimitsu und seine Freunde überzeugt hatten, daß ihre Feinde eingeschlafen waren, legten sie Waffen und Rüstungen an – und in diesem Augenblick erschienen die drei Götter erneut. Sie hätten Shutendojis Hände und Füße gefesselt, sagten sie: Die Helden bräuchten die vor ihnen liegende Aufgabe nicht zu fürchten. Während Yorimitsus Männer die Gliedmaßen des Dämonenkönigs abhackten, sollte Yorimitsu selbst den Kopf abtrennen, um die Exekution zu vollenden. Wenn das getan sei, so fuhren die Götter fort, müßten sie sich nur noch Shutendojis Leute vornehmen. Nach diesen Worten verschwanden die Götter abermals.

Weisungsgemäß ließ Yorimitsu nun seine Klinge auf den Hals des Dämons niedersausen. Als Blut aus der Wunde spritzte, quollen Rauch und Feuer aus Shutendojis Nüstern. Mit versengter Schwerthand wich Yorimitsu zurück. Starr vor Entsetzen sahen die Helden, wie das vom Körper abgetrennte Haupt durch die Luft schwebte und Blut und Feuer spie. Bald faßten sie sich wieder und veranstalteten ein Schwertergeklirr, vor dem es keine Rettung gab. Als der Kopf leblos auf den Boden fiel, hieben die Helden drauf ein und zerhackten den Dämon. Shutendojis Leute, die durch den Lärm erwachten, waren zu benommen, um sich zu verteidigen, und wurden allesamt vernichtet. Die Gefangenen stürmten aus der Burg und flohen bergab in die Heimat und die Freiheit.

Doch selbst jetzt hatten die Dämonen noch einen Trick auf Lager. Kaum war Yorimitsu an den Kai-

Yorimitsus Gefährten ahnen nicht, daß ihr Herr dem Spinnendämon ausgeliefert ist. Holzschnitt, Utagawa Kuniyoshi, um 1838.

serhof zurückgekehrt, da wurde er krank. Allabendlich brachte ihm ein Knabe Medikamente, doch der Zustand des Helden verschlechterte sich. Schließlich schöpfte er Verdacht und fragte seinen Diener über den Knaben aus. Wie sich herausstellte, war nicht das Geringste über ihn bekannt. Als er am nächsten Abend wiederkam, trank Yorimitsu den Becher mit der Arznei nicht aus, sondern warf ihn dem Knaben an den Kopf. Da schleuderte jener etwas Kleines nach Yorimitsu – und verschwand. Ein klebriges Netz umhüllte Yorimitsu, und er verfing sich zappelnd in einem Gewirr von Fäden. Yorimitsus Diener hörte die Schreie und eilte herbei. Es gelang ihm, dem Spinnenmonster einen Schwerthieb zu versetzen, bevor er selbst im Netz hängenblieb. Schließlich konnte er sich befreien, schnitt seinen Herrn aus dem Spinnengewebe, und beide verfolgten die Blutspur, die in einen entlegenen Winkel des Schlosses führte. Dort hatte sich die vom Schwerthieb des Dieners schwer verwundete Kreatur verkrochen. Der Spinnendämon wurde ins Jenseits befördert, und Yorimitsu war wieder gesund. Erst jetzt, mit dem Tod der Spinne, war das Reich aus den Klauen des Dämons befreit, und die noch verbleibende Zeit von Ichijos Herrschaft verging in Frieden und Wohlstand.

Ojin: Kaiser und Gott

So groß und unauslöschlich war der Ruhm des Kaisers Ojin, daß er schließlich als mächtige Gottheit Unsterblichkeit erlangte, und zwar in der Gestalt des stolzen Kriegsgottes Hachiman. Bis heute wird Hachiman im Shinto verehrt, wenn Jünglinge als 20jährige ihren Eintritt ins Mannesalter bei einem seiner vielen Schreine feiern.

Hachiman war und ist einer der machtvollsten Götter. Zu seiner Göttlichkeit kam er allerdings erst nach einer menschlichen Existenz, denn er wurde als Sterblicher – wenn auch von königlichem Geblüt – geboren. Als Sohn des Kaisers Chuai und der mythischen Kriegerkaiserin Jingo war Ojin bereits von Kind an für eine kriegerische Laufbahn vorgesehen.

Ojins Mutter Jingo führte im 4. Jahrhundert einen langen, aber schließlich siegreichen Krieg gegen Korea, in dessen Verlauf sie einen Felsblock auf ihrem Leib getragen haben soll, um die Geburt des Kindes hinauszuzögern. Die erstaunlich lange Schwangerschaft – drei volle Jahre – gab der Kaiserin die Zeit, die sie brauchte, um ihre Feinde zu unterwerfen. Gleich unterhalb des Ellbogens des Neugeborenen war eine merkwürdige Hautverdickung zu erkennen; in ihrer Form glich sie genau dem kleinen Lederstück, mit dem Bogenschützen ihren Unterarm panzerten, damit die vorschnellende Sehne des Bogens ihn nicht verletzte. Jingo erfreute die kleine Verunstaltung, über die eine andere Mutter vielleicht geweint hätte. Für sie war dies ein Zeichen für den kriegerischen Mut, den ihrer Meinung nach jeder ihrer Söhne besitzen müsse. Und sie sollte nicht enttäuscht werden: Als Ojin zum Mann geworden war, hallte die ganze Welt wider vom Ruhme seiner Taten. Er festigte die Eroberungen seiner Mutter und unterwarf alle Nachbarländer Japans.

Der Shinto-Kriegsgott Hachiman, der vergöttlichte mythische Kaiser Ojin. Hier ist er aus buddhistischer Sicht als *bosatsu* (Bodhisattva) dargestellt oder als Priester. Malerei aus der Kamakura-Periode, 1185–1333.

Doch der junge Kaiser war auch berühmt für seine Intelligenz und seine Weisheit und galt als ebenso vortrefflicher Liebhaber wie Krieger. Sowohl sein kämpferischer Mut als auch seine sinnliche Leidenschaft kamen ins Spiel, als er in die Provinz Afumi einmarschierte. Schon vor Ojins Geburt war ihm „ein Land so schön wie eine zauberhafte Frau" prophezeit worden, und beim ersten Blick auf die Kazu-Region schwanden ihm fast die Sinne. Noch nie hatte er etwas nur annähernd so Schönes gesehen: Tiefgrüne Felder und Dörfer mit schmucken kleinen Häusern. Als er sich dem Dorf Kohara näherte, erblickte er ein Mädchen, das an einer Wegscheide stand. Die ganze Lieblichkeit der Landschaft schien in ihrer wunderschönen Erscheinung vereint. Sie sei, wie sie ihm sagte, Prinzessin Miyanushiyakahaye, Tochter des Herrschers. Der Kaiser war hingerissen und ging zum Vater der Prinzessin, um ihn um ihre Hand zu bitten. Als sein treuer Vasall ihm freimütig gewährte, worum er bat, begann der Kaiser jubelnd zu singen: Welches Wunder des Geschicks hatte ihn in den Besitz dieses Inbegriffs aller Schönheit gebracht? Und sein Herz floß vor Freude über.

Doch als Gegenleistung für dieses Geschenk hatte die Vorsehung etwas verlangt: die Opferung eines Schiffes, das für den Transport des kaiserlichen Herrschers benutzt wurde. Ojins Mutter hatte stets gezögert, diese Bedingung zu erfüllen, denn sie glaubte, auf das Schiff nicht verzichten zu können. Erst Ojin selbst sollte für die Erfüllung der Bedingung sorgen, als er eines Tages, nach langer Regierungszeit, bemerkte, daß das Schiff knarrte und quietschte. Doch es widerstrebte ihm, dies starke Symbol japanischer Macht einfach zu ersetzen. Nach langem Nachdenken und Beten ließ er das Schiff ehrfurchtsvoll zu Feuerholz zerlegen, das dann aufgestapelt und unter einem großen Bottich voll Salzwasser aus dem östlichen Meer angezündet wurde. Nach vielen Tagen und Nächten war in dem Bottich nur ein großer Haufen Salz zurückgeblieben, das der Kaiser in Körbe schaufeln ließ – 500 insgesamt. Dann sandte er in jede Provinz seines Reiches einen Korb als Zeichen seiner Zuneigung. Überwältigt von der Geste des Herrschers, baute jede Provinz aus Dankbarkeit ein Schiff. So hatte Ojin ein Schiff geopfert und 500 dafür bekommen.

Ojin starb 394 n. Chr., doch den japanischen Mythen zufolge endete sein Leben damit nicht. Während sein Leichnam zur letzten Ruhe gebettet wurde, fuhr seine Seele zum Himmel auf, wo Ojin als Kriegsgott Hachiman ins Pantheon der Götter Eingang fand. Er war der erste von vielen Helden, denen eine solche Apotheose widerfuhr: Danach wurde es üblich, nicht nur Kaiser, sondern auch Priester, Staatsmänner und Gelehrte zu Göttern zu erheben.

Die Kriegerkaiserin

Zu den größten Helden japanischer Mythologie gehört auch eine Heldin: Ojins Mutter Jingo, die kriegerische Kaiserin. Als ihr Gatte, Kaiser Chuai, starb, bevor er den Plan einer Invasion Koreas in die Tat umsetzen konnte, machte sich seine Witwe mit Hingabe und Konsequenz an die Vollendung seines Werkes.

Daß die Götter ihrem kaiserlichen Vorhaben gnädig gesinnt waren, schien ihr wundersames Eingreifen in ihre Schwangerschaft zu beweisen: Chuais Sohn Ojin, der zukünftige Kaiser, lag drei volle Jahre in ihrem Leib, bis er geboren wurde, und diese Frist versetzte seine Mutter in die Lage, sich voll und ganz der Kriegführung zu widmen.

Des weiteren halfen ihr die Juwelen des Meeres – ebenso wie sie Hikohoho geholfen hatten *(Seite 68)*. Durch den Einsatz dieser Edelsteine von unschätzbarem Wert war Kaiserin Jingos Angriff übers Meer siegreich: Der eine Edelstein, dessen Name „Ebbe" bedeutete, ließ die Flotte der koreanischen Verteidiger stranden, während der andere, „Flut", benutzt wurde, um die von Bord gesprungenen Krieger zu ertränken. Bald wurde ganz Korea unterworfen. Seine Könige gelobten den japanischen Kaisern Treue, bis zu dem Tag, wenn „die Sonne im Westen aufgeht, die Flüsse ihren Lauf umkehren und die Kiesel der Flußbetten zum Himmel aufsteigen, wo sie als Sterne leuchten".

Jingo, Japans erste Kaiserin, soll Ende des 4. Jahrhunderts n. Chr. regiert haben. Hier sieht man sie mit einem Minister auf einem Holzschnitt von Kunisada.

Siebenundvierzig herrenlose Samurai

Manche Helden wurden nicht zu Göttern, sondern zur legendären Gestalt. Dies wird besonders anschaulich in der berühmten Geschichte von den siebenundvierzig *ronin,* die ihren Herrn, der beleidigt worden war, rächten und bereitwillig den Preis dafür zahlten.

Je weiter man die japanische Geschichte zurückverfolgt, desto undeutlicher wird sie, desto unentwirrbarer sind tatsächliche Ereignisse mit überlieferten Mythen verflochten. Sogar noch in jüngerer Zeit sind die Grenzen zwischen Wirklichkeit und Legende unklar. Die Geschichte von den siebenundvierzig *ronin* ist ein typisches Beispiel. Die Grundzüge der Handlung sind durch historische Quellen belegt, denn sie ereignete sich vor relativ kurzer Zeit, nämlich 1702. Was ursprünglich nur ein häßlicher Vorfall bei Hofe war, wurde durch die Legendenbildung zu einer beeindruckenden Erzählung vom Heldentum.

Die siebenundvierzig herrenlosen Samurai oder *ronin* überfallen unter der Führung von Kuranosuke des Haus des Hofbeamten, der ihren toten Daimyo, Asano, entehrte. Druck von Hiroshige.

Alles begann damit, daß der Shogun zwei geringere Samurai beauftragte, einen bedeutenden Botschafter vom kaiserlichen Hof zu empfangen, und dem Beamten Kira Kozukenosuke befahl, die beiden in dem erforderlichen Protokoll zu unterweisen. Kozukenosuke leistete dem Befehl Folge, und seine dankbaren Schüler übergaben ihm dafür die üblichen Geschenke, die ihm jedoch zu ärmlich ausgefallen schienen, denn er war ein habgieriger Widerling. Er begann, die beiden Samurai am Hofe des Shoguns anzuschwärzen: Sie seien pöbelhaft, schlecht erzogen und arm. Einer der beiden bestach Kira Kozukenosuke mit Geld; dafür intrigierte der üble Beamte um so mehr gegen den anderen. Der hieß Asano. Eines Tages wurde Asano durch eine Beleidigung so sehr gereizt, daß er den Hofbeamten mit dem Messer leicht verletzte. Obwohl es sich nur um einen harmlosen Kratzer handelte, wurde dieser Vorfall sehr ernstgenommen. Der Angriff hatte nämlich auf dem Gelände des Shogun-Hofes stattgefunden – nur mit einem *seppuku,* dem Tod durch eigene Hand, konnte Asano dieses Vergehen sühnen.

Asano kannte seine Pflicht und nahm die rituelle Selbstentleibung vor. Damit machte er seine Getreuen zu *ronin* – zu Samurai, die durch den Tod ihres Anführers herrenlos geworden waren. Was konnten sie anderes tun, als sich trennen? Sie hatten kein Recht, Gesetz und Tradition in Frage zu stellen. Zudem ließ Kira Kozukenosuke, der auf Rache gefaßt sein mußte, sich und sein Haus von Wachen schützen. So trennten sich die siebenundvierzig Männer, die Asano gedient hatten, und verstreuten sich im ganzen Land. Einige verkauften ihre Kampfkraft an andere Herren, andere wurden Kaufleute, Straßenhändler oder einfache Arbeiter, denn seit ihr Herr seine Ehre verloren hatte, war auch ihre Selbstachtung dahin.

Für Asanos engsten Gefährten, Kuranosuke, aber hatte das Leben seinen Sinn verloren: Der einst so disziplinierte Krieger gab sich der Trunksucht und der Völlerei hin. Dem Feigling und Intriganten Kira Kozukenosuke fiel es nicht leicht, seine Angst vor einem Racheakt zu überwinden, aber alle Berichte über Asanos Männer stimmten darin überein, daß von ihrer Seite nichts mehr zu befürchten sei.

Was den Spionen des Hofbeamten allerdings verborgen blieb, war, daß alles, was sie über den gesellschaftlichen Abstieg und den liederlichen Lebenswandel der siebenundvierzig gehört hatten, Teil eines raffinierten Racheplans war. Selbst Kuranosukes Gemahlin ließ sich täuschen, nahm ihre Kinder und verließ ihren offenbar trunksüchtigen Ehemann. Was die anderen anging, so waren sie insgeheim in Verbindung geblieben, zogen Erkundigungen ein und planten ihr weiteres gemeinsames Vorgehen. Einige der Krieger waren nun sogar in niedrigen Stellungen in Kira Kozukenosukes Haus beschäftigt, was jener in seiner ganzen Arroganz natürlich nicht bemerkte. Andere hatten sich in ihrer Eigenschaft als Straßenhändler mit seinen Dienern angefreundet.

Auf diese Weise hatten die Männer alles ausgekundschaftet, was sie wissen mußten, um ihren Rachefeldzug zum Erfolg zu führen. Am 14. Dezember 1703 war es dann soweit. Die siebenundvierzig *ronin* tauchten unvermutet aus einem Schneegestöber auf und griffen Kira Kozukenosukes Haus an. Die Wachen waren für den Widerstand schlecht gerüstet: Obgleich viele von ihnen tapfer kämpften, waren sie Kuranosukes Helden nicht gewachsen.

Im Augenblick des Sieges aber schien es ihnen, daß ihr Opfer entkommen sei. War ihre monatelange Selbstaufopferung vergebens gewesen? Sie durchsuchten das Haus vom Dach bis zum Keller und stöberten Kira Kozukenosuke schließlich in einer Vorratskammer auf. Die siebenundvierzig Tapferen warfen ihm seine Verbrechen vor: Nun müsse er *seppuku* begehen. Doch dann besannen sie sich – eines wahren Kriegers Tod stand dem Erbärmlichen gar nicht zu. Deshalb erstachen und enthaupteten sie ihn und trugen den Kopf triumphierend zu Asanos Grabmal. Der Tod ihres Herrn war gerächt, ihre Erniedrigung vergessen. Nun verlangte es das Gesetz der Ehre, daß nun auch sie sich töteten. Sie wurden neben ihrem Herrn im Gotokaji-Tempel in Tokio bestattet.

Kriegerisches Theater

Die siebenundvierzig Samurai sind ein häufig wiederkehrendes Thema der japanischen Schauspielkunst. Die Bühne hat wesentlich dazu beigetragen, daß die Helden der Geschichte noch heute im Bewußtsein der Öffentlichkeit lebendig sind.

Das feierliche, stilisierte No-Theater ist zum Teil aus den Rezitationen der wandernden Geschichtenerzähler des japanischen Mittelalters entstanden. Begleitet wurden ihre Vorführungen von schallenden Akkorden auf der *biwa,* einem Saiteninstrument. Die Erzähler rezitierten in einer dramatischen Art, was zu den kriegerischen Geschichten gut paßte, die alten mündlichen Überlieferungen entstammten und sich vorwiegend mit den Tugenden der Tapferkeit und des Selbstopfers befaßten. Diese Inhalte erklären, warum das No-Theater schließlich von der Kriegerkaste der Samurai vereinnahmt wurde. Es ist eine aristokratische Theaterkunst, die sich an ein gebildetes Publikum wendet.

Das spektakulärere Kabuki-Theater hingegen verrät seine Herkunft aus dem Puppentheater durch spannende, unterhaltsame Handlungen. Doch auch das Kabuki bezieht seine Themen vorwiegend aus den Heldenmythen.

No-Masken sind stets Variationen eines Charaktertyps. Diese bemalte Holzmaske stellt den Charakter „Junge Frau" dar (18.–19. Jh.).

Momotaro, Rächer der Unschuldigen

Momotaro, der Pfirsichknabe, ist eine vollständig fiktive Gestalt. Dennoch zeigt er den gleichen Mut und die gleiche edle Gesinnung wie die halbhistorischen Helden der Mythen. Er sieht seine Aufgabe darin, Unschuldige zu rächen, die in den Fängen von Dämonen gelitten haben.

Momotaro auf dem Rücken seiner Pflegemutter, die einen Pfirsichzweig hält. Elfenbein-*netsuke* (19. Jh.).

Eine alte Frau und ein alter Mann lebten in einer Hütte in den Bergen. Obwohl sie glücklich miteinander waren, war ihre Ehe nie mit einem Kind gesegnet worden. Lange Jahre hatten sie zu den Göttern um Fruchtbarkeit gebetet, doch als die Jugend allmählich dem Alter wich, mußten sie einsehen, daß sie nicht zu Eltern bestimmt waren.

Eines Tages, als die Frau am Fluß Wäsche wusch, blickte sie auf und sah, wie ein riesengroßer Pfirsich stromabwärts auf sie zu schwamm. Die alte Frau freute sich auf das schöne Abendessen, das er armen Landbewohnern, wie sie es waren, sein würde, und holte ihn aus dem Wasser. Stolz trug sie ihn nach Hause. Ihr Ehemann war ebenso erstaunt wie sie über den Pfirsich, und auch er war schon ganz aufgeregt bei dem Gedanken auf das Mahl, das er ergeben würde. Er konnte es gar nicht abwarten und nahm sein Messer, um den Pfirsich ein wenig anzuschneiden, als er plötzlich von selbst aufplatzte und ein winziger Knabe herauskullerte. Er sagte den erschrockenen Alten, sie bräuchten keine Angst zu haben: Er sei ein Geschenk der Götter, solle sie über ihre Kinderlosigkeit hinwegtrösten und sich in ihrem Alter um sie kümmern. Überglücklich schlossen die beiden den Kleinen in die Arme und nannten ihn Momotaro, was soviel wie „Pfirsichsohn" bedeutet.

Momotaro gedieh unter ihrer liebevollen Fürsorge: Er wurde groß und stark und entwickelte einen ausgeprägten Sinn für Wahrheit und Gerechtigkeit. Mit fünfzehn Jahren war er schon ein Mann, erfüllt von dem leidenschaftlichen Wunsch des Helden, in die Welt zu ziehen und für Recht und Ehre zu kämpfen. So kam er eines Tages zu seinem Pflegevater und bat ihn um die Erlaubnis, weggehen zu dürfen. Denn seit einiger Zeit machte eine Horde *oni* das Land unsicher, entführte die Töchter unschuldiger Leute und nahm sie mit in ihre Inselfestung, wo viele gefressen wurden. Es sei seine Absicht, so teilte er dem Vater mit, sich auf die Suche nach diesen Teufeln zu machen und ihrer Schreckensherrschaft ein Ende zu bereiten.

Der alte Mann vernahm die Bitte seines Sohnes mit Verwunderung. Natürlich war er besorgt, als er von dem gefährlichen Vorhaben hörte, doch zugleich empfand er tiefes Vertrauen in die Fähigkeiten des Jünglings. War er nicht von den Göttern gesandt worden? Und hatte er nicht eine für sein Alter ungewöhnliche übermenschliche Stärke und Weisheit gezeigt? Warum also sollte er ihm die Erlaubnis verweigern? Wenn es Momotaro tatsächlich gelänge, die Gegend von den *oni* zu befreien, wäre ihm das ganze Land zu Dank verpflichtet: So gab er ihm seinen Segen und wünschte ihm Glück bei seinem edlen Unterfangen.

Unter Tränen verabschiedeten sich die Eltern von Momotaro. Die Mutter gab ihm einige Reiskuchen als Reiseproviant mit, und er dankte ihr freundlich, bevor er sich auf den Weg machte. Er war noch nicht weit gegangen, als er schon Hunger verspürte und sich an einem Feldrand niedersetzte. Kaum hatte er den ersten Reiskuchen aus seinem Beutel geholt, da stand ein großer Hund vor ihm und bleckte drohend die Zähne. Mit menschlicher Stimme verlangte er den Reiskuchen oder das Leben des Reisenden. Der Hund war verblüfft, als sich der Wandersmann von dieser

Der winzige Held

Eine Legende erzählt, daß ein kinderloses Paar sich so sehnsüchtig ein Kind wünschte, daß es die Götter bat, ihnen eines zu schenken. Jedes Kind sei ihnen recht, auch wenn es nicht größer als die Kuppe des kleinen Fingers bei einem Erwachsenen sei.

Die Götter nahmen sie beim Wort und schickten ihnen Issun Boshi – was etwa „Kleiner Däumling" bedeutet. Trotz seiner Winzigkeit waren die Eltern hoch erfreut und zogen ihn mit aller nur erdenklichen Sorgfalt auf, bis er ihnen im Alter von fünfzehn Jahren eröffnete, er wolle nun hinaus in die Welt ziehen und sich als Held beweisen. Eine Reisschüssel und zwei Eßstäbchen, die seine Mutter ihm schenkte, benutzte er als Boot und Ruder und machte sich flußabwärts auf den Weg. Eine Nadel und einen Strohhalm, die sie ihm ebenfalls gegeben hatten, nahm er als Schwert und Scheide mit.

Nach seiner Ankunft in Kyoto, das damals die Hauptstadt des Landes war, trat Issun Boshi in die Dienste einer Adelsfamilie. Eines Tages sollte er die Tochter des Hauses zum Schrein der Göttin Kannon begleiten, wo sie beten wollte. Plötzlich wurden sie von zwei bösen *oni* überfallen. Issun Boshi sprang wütend hin und her, um sie abzulenken. Einer der Dämonen sah ihn, packte ihn verächtlich, stopfte ihn sich in den Mund und schluckte ihn herunter. Da zog der zwergenhafte Leibwächter sein Nadel-Schwert und bereitete dem Dämon so entsetzliche Bauchschmerzen, daß dieser ihn wieder ausspuckte. Dann sprang Issun Boshi geradewegs ins Auge des anderen Dämons, wo er sich wieder mit seinem Schwert ans Werk machte. Hals über Kopf ergriffen die *oni* die Flucht.

Issun Boshi sprang unverletzt auf den Boden und nahm den Dank seiner Herrin entgegen. Da entdeckten sie einen Hammer, den die Dämonen bei ihrer Flucht zurückgelassen hatten. Es war ein Glückshammer: Wenn sie damit auf den Boden schlugen, erfüllte sich ein Wunsch. Issun Boshis Herrin tat dies und wünschte sich, daß ihr Beschützer normal groß werde – und plötzlich stand ein ausgewachsener Samurai-Krieger neben ihr. Sie heirateten und lebten glücklich miteinander bis an ihr Ende.

Momotaros Reise zur Festungsinsel der *oni* führte zunächst an den Küsten Japans entlang. Diese Abbildung zeigt Reisfelder am Meer im Licht des Sonnenuntergangs.

Drohung keineswegs beeindrucken ließ. Irritiert verlangte er zu wissen, mit wem er es eigentlich zu tun habe. Als er erfuhr, daß es Momotaro war, bat er untertänigst um Vergebung: Hätte er gewußt, daß er zu dem berühmten Pfirsichknaben sprach, hätte er sich gewiß respektvoller aufgeführt. Das noch Augenblicke zuvor beutegierige Ungeheuer bot nun einen unterwürfigen Anblick: Es flehte Momotaro an, ihm mit seinem Leben und all seiner Kraft und Schläue dienen zu dürfen. Momotaro willigte ein, und nachdem sie gemeinsam gegessen hatten, machten sie sich zusammen auf die Suche nach den Dämonen.

Als sie ein gutes Stück des Wegs zurückgelegt hatten, trafen sie einen Affen: Er bat den Helden, ihn als seinen Diener mitzunehmen. Zwar paßte dies dem Hund offensichtlich nicht, doch Momotaro stimmte dennoch zu. Während sie weiterzogen, ärgerten seine Begleiter einander fortwährend und schnappten sogar nach einander. Nur allmählich besiegten sie ihre Eifersucht und wurden Freunde. Gerade hatten sie sich vertragen, da stellte sich ein Fasan Momotaro in den Weg. Auch er bat darum, in seine Dienste treten zu dürfen. Mit seinem prächtigen Gefieder schien er den Hund und den Affen in den Schatten zu stellen. Wieder gab es Eifersucht, und Hund und Affe taten ihr Möglichstes, um den Eindringling loszuwerden. Doch Momotaro trat dazwischen, und vorerst herrschte Frieden. Mit jedem Kilometer, den sie weitermarschierten, zankten sie sich weniger, und als sie an die Küste kamen, waren sie die besten Freunde geworden. Nun aber stellte sich ihnen ein anderes Problem: Wie konnten sie die Inselfestung erreichen? Jenseits einer Meerenge, in der die aufgewühlte See toste, sahen sie die Burg der *oni* aufragen.

Am Ufer entdeckte Momotaro ein Boot – es sah aus, als warte es auf den Helden. Voller Bedenken gingen seine Begleiter an Bord, doch lag ihnen der Gedanke fern, ihren Herrn im Stich zu lassen. Also legten sie ab. Die von Land aus so kurz wirkende Strecke bis zur Insel erwies sich als lang und gefährlich: Gewaltige Wellen rissen das kleine Boot hoch und warfen es hin und her. In Todesangst klammerten sich die reisenden Freunde an der Bordwand fest, und gerade als sie alle Hoffnung fahren lassen wollten, sichteten sie endlich Land.

Momotaro schickte den Fasan voraus, um ihre Ankunft anzukündigen und dem Dämonenkönig eine Drohbotschaft zu überbringen. Der Fasan landete auf dem höchsten Turm der *oni*-Burg und hielt von dort eine Rede an die versammelten Teufel. Er verlangte, ihr Herrscher und alle auf seinen Befehl hörenden Dämonen sollten sich unverzüglich ergeben. Zum Zeichen ihrer Unterwerfung sollten alle ihre Hörner abbrechen. Die Dämonen beantworteten die Botschaft mit höhnischem Grölen. Ihre Hörner und ihre flammendroten Haarschöpfe schüttelnd, warfen sie Eisenstangen nach dem Vogel, doch dieser wich ihnen geschickt aus, schoß hinunter und griff sie an.

Unten am Strand war inzwischen Momotaro an Land gegangen. Auf ihrem Weg ins Innere der Insel erhielt die Gruppe weibliche Hilfe, ganz so wie Yorimitsu bei seiner Mission gegen Shutendoji *(Seite 82)*. Zwei Mädchen, die blutige Wäsche wuschen, erzählten dem Helden, sie seien die Töchter von Edelleuten und müßten nun dem Dämonenkönig als Wäscherinnen dienen; doch sie seien selbst für eine so erniedrigende Tätigkeit dankbar, denn diese habe sie bisher am Leben erhalten. Dennoch könne es nicht mehr lange dauern, bis auch sie getötet und gefressen würden. Momotaro war außer sich vor Empörung über so viel Grausamkeit und Schande.

Der Held versprach, sie zu retten und das Unrecht, das man ihnen angetan hatte, zu rächen, wenn sie ihm nur den Weg ins Innere der Burg weisen würden. Die jungen Damen führten die Gruppe auf einem schmalen Pfad, der sich durch dichte Wälder bergauf schlängelte, bis an den Fuß der Festungsmauer. Dort zeigten sie ihnen eine Geheimtür, gerade groß genug, um sich nacheinander hindurchzuzwängen.

Die Helden greifen an

Als die Eindringlinge auf der anderen Seite herauskamen, stimmten sie ein ohrenbetäubendes Geschrei an, das die Dämonen, die ohnehin durch die fortwährenden Sturzflüge des Fasans verschreckt waren, völlig einschüchterte. Doch bald hatten sie sich wieder gefaßt und stürzten sich auf die neuen Angreifer. Als jedoch der Hund mitten unter sie sprang und sein mächtiges Gebiß fletschte, ergriffen viele die Flucht, nicht ahnend, daß sie geradewegs in die Klinge von Momotaros wirbelndem Schwert liefen.

Ein paar Dämonen hetzten zur Mauer, um sich zu retten, wurden dort aber vom Affen erwartet, der auf der Mauerkrone hin- und hersprang und vergnügt schnatterte, während er die Feinde seines Herrn tötete. Es dauerte nicht lange, und alle Dämonen waren tot. Dem Dämonenkönig, der ja nun niemanden mehr zu befehligen hatte, blieb nichts anderes übrig, als sich zu ergeben. Er flehte um sein erbärmliches Leben, doch Momotaro blieb in seinem Zorn unerbittlich. In all den Jahren, sagte der Held, habe er gewütet und gemordet. Nun, da seine böse Macht gebrochen sei, könne er kein Erbarmen erwarten.

Momotaro durchsuchte die ganze Festung. In jedem Raum fand er elende Gestalten, die vor Angst und Kummer und vom Anblick des täglichen Blutvergießens halb wahnsinnig geworden waren. Als Momotaro sie ans Tageslicht führte, waren viele zu benommen, um sich zu freuen. Auf dem Heimweg aber kamen sie langsam wieder zu Sinnen, und so war es eine Schar glücklicher Menschen, die in ihre Heimat zurückkehrte. An ihrer Spitze schritten Momotaro und sein getreuer Affe; hinter ihm trugen der Hund und der Fasan einen von den Dämonen erbeuteten Schatz. Er sollte dem alten Paar übereignet werden, das Momotaro so viel gegeben hatte. Alle stimmten dieser wohlverdienten Belohnung für die beiden Menschen zu, die den Retter ihres Landes aufgezogen hatten.

Die *oni* oder Dämonen waren von riesigem Wuchs und unterschiedlicher Farbe, besaßen Hörner und manchmal auch drei Augen. Der aus China stammende Glaube an die *oni* kam mit dem Buddhismus nach Japan. Dieser auf einem Felsen sitzende *oni* mit Gebetsperlen ist vermutlich als Parodie auf die buddhistische Ikonographie zu verstehen. Kamakura-Periode, 12.–14. Jahrhundert.

Waffenbrüder: Yoshitsune und Benkei

Der 1159 geborene Yoshitsune ist eine geschichtlich verbürgte Gestalt. Doch der historische Yoshitsune verblaßte allmählich hinter dem mythischen Helden, zu dem er verklärt wurde. Ein noch berühmterer Held war allerdings sein Diener Benkei, der Kriegermönch.

Japan erlebte im 12. Jahrhundert eine turbulente Epoche. Die führenden Adelsfamilien kämpften untereinander um die Macht, im Namen des Kaisers zu regieren. Die Minamoto aus dem Osten, der Region um das heutige Tokio, waren die Hauptrivalen der Taira, deren Hausmacht weiter im Westen lag. Die Taira – geographisch näher an der damaligen Hauptstadt Kyoto und politisch dichter am Palast – konnten die Minamoto abdrängen und im Jahre 1159 schließlich ganz ausschalten.

Eine wahre Mordorgie folgte, da die Taira rücksichtslos jedes mögliche Hindernis auf ihrem Weg zur Macht beseitigten. Das Haupt der Minamoto, Yoshitomo, mußte als erster sterben; viele andere führende Mitglieder der Sippe sollten ihm folgen – mit Ausnahme seiner Söhne. Sie waren zu der Zeit noch zu jung, um von den Taira als ernsthafte Bedrohung angesehen zu werden, und wurden in entlegene Teile des Reiches verbannt.

Der zum Erben ernannte Yoritomo war zur Zeit des Sturzes seiner Familie dreizehn. Es dauerte nicht lange, bis er ihren Wiederaufstieg einleitete. Yoshitomos jüngster und scheinbar bedeutunglosester Sohn, Yoshitsune, entstammte nicht einmal der Ehe seines Vaters. Seine Mutter, Tokiwa, war ein rangniedere Hofdame: Inzwischen hatte sie der siegreiche Taira-Anführer Kiyomori zu seiner Konkubine gemacht. Sie mußte ihr Schicksal hinnehmen, doch wenn sie sich auch äußerlich fügte, so rebellierte sie im Geiste und erzog ihren Sohn so, daß er die Erinnerung an seinen Vater bewahrte und auf Rache sann.

Yoshitsune wird vom König der *tengu,* dem er in einem Wald begegnete, in der Schwertkunst unterwiesen. *Minamoto no Yoshitsune* von Utagawa Kuniyoshi (19. Jahrhundert).

Die Tengu-Schwertkunst

Kiyomori schickte die Knaben schon in jungem Alter in ein buddhistisches Kloster. Dort, so seine Überlegung, würde die Ausbildung zu Mönchen ihnen jeden kriegerischen Instinkt, den sie womöglich ererbt hatten, austreiben, so daß sie keine Gefahr für ihn darstellen würden. Diese Vorsichtsmaßnahme kam für den älteren Yoritomo viel zu spät; bei dem kleinen Yoshitsune hätte sie wohl gewirkt – wenn ihm nicht die an Rache gemahnenden Abschiedsworte seiner Mutter in den Ohren geklungen hätten. Als gelehriger Schüler erfreute Yoshitsune seine Lehrer. Aber sie merkten nicht, daß er noch eine ganz andere Seite besaß. Seine schmächtige Erscheinung täuschte über das Männerherz hinweg, das in seiner Brust schlug. Denn nachts schlich Yoshitsune allein in den Wald hinaus, wo er sich sorgfältig in allen Kampftechniken schulte.

Eines Nachts, als er auf einer Waldlichtung mit dem Schwert übte, brach ein Gewitter los, und durch den heftigen Regensturm kam eine düstere Gestalt zu ihm herabgeflogen. Ein riesiger Vogelmensch mit einer roten Hakennase, gefiederten Schwingen und krallenartigen Füßen starrte ihn aus wilden Augen an. Yoshitsune ließ sich nicht einschüchtern und fragte, wer er sei und was er wolle. Sein Besucher war der König der *tengu* – eines Geschlechts von Bergkobolden *(Seite 110–111)*. Er zeigte sich keineswegs verärgert über die Kühnheit des Knaben und lachte sogar herzlich darüber. Er habe ihn seit langem beobachtet, verriet er Yoshitsune, und wolle ihm helfen. Zu einem Schwertkämpfer wolle er ihn machen, wie es noch nie einen Sterblichen gegeben habe.

Eine machtvolle Partnerschaft

Die Jahre vergingen, und als Yoshitsune fünfzehn wurde, hielt er die Zeit für gekommen, auf Wanderschaft zu gehen. Durch seinen vorzeitigen Abschied vermied er es, das Mönchsgelübde ablegen zu müssen, was ihm die Hände als Krieger gebunden und jeden Rachegedanken verboten hätte. Als er auf der Suche nach Abenteuern unterwegs war, hörte er von einem gefürchteten Kriegermönch, der wohl die Sorte Mann war, an dem sich ein Held erproben konnte.

Benkei, wie der wilde Mönch genannt wurde, war fromm in seinen Zielen: Er wollte die für den Wiederaufbau eines buddhistischen Tempels erforderlichen Gelder beschaffen. Diese heilige Aufgabe erledigte er allerdings mit eher unheiligen Methoden: Er bezog an Kyotos Gojo-Brücke Posten und nahm vorbeiziehenden Kriegern die Schwerter ab. Bisher hatte er schon 999 Krieger überfallen und 999 Schwerter eingesammelt: 1000 würden ihm das bringen, was er für seinen Tempel brauchte. Yoshitsune wollte sich diesem entschlossenen Mönch entgegenstellen. Derartige Räubereien durften einfach nicht geduldet werden. Er würde mit ihm kämpfen und ihm mönchischen Anstand mit Gewalt beibringen.

Eines schönen Sommerabends stand Benkei wieder an der Brücke und sah, wie ein flötespielender Jüngling auf ihn zu schlenderte. Die kraftlos wirkende Gestalt schien ihm keines zweiten Blickes wert. Da drehte sich der Jüngling unversehens um und schlug ihm die Streitaxt aus der Hand. Wütend holte der Mönch zum Schlag aus, verfehlte aber im-

Eine Frage der Ehre

Yoshitsune entstammte einem alten Heldengeschlecht. Sein Onkel Tametomo war als großartiger Bogenschütze bekannt; er führte den Aufstand gegen die Fujiwara-Sippe an.

Als die Fujiwara die Minamoto nach blutigem Gemetzel besiegt hatten, wurde Tametomo auf eine Insel verbannt. Zuvor noch zerschnitt man die Sehnen seiner Bogen, um seinem Geschick mit Pfeil und Bogen ein Ende zu setzen. Er war jedoch noch nicht lange am Ort seiner Verbannung, da ergriff er die Macht und ernannte sich zum Ärger des kaiserlichen Hofes zum König der Insel.

Als die Flotte zur Niederwerfung der Erhebung geschickt wurde, sammelte Tametomo eine Truppe von Inselbewohnern um sich und nahm hoch oben auf einem Kliff Aufstellung. Nur einen einzigen Pfeil schoß er ab, als die Flotte in Sicht kam. Beeindruckt sahen beide Seiten, wie der Schaft den Rumpf des kaiserlichen Flaggschiffs durchschlug: Wasser strömte durch das Loch ins Schiff und brachte es zum Sinken. Die übrige Flotte geriet in Panik – was könnte einen solchen Bogenschützen davon abhalten, das gleiche so oft zu wiederholen, wie er wollte? Doch Tametomo wollte kein Töten und Blutvergießen mehr. Er befahl seinen Leuten den Rückzug. Er würde keine Seeleute zu Tausenden auf den Grund des Meeres schicken; ebensowenig würde er zulassen, daß die Flotte landete und unschuldige Inselbewohner in Bedrängnis kamen. Doch wußte er, daß an all den Schwierigkeiten nur er allein schuld war: Er mußte die Verantwortung dafür auf sich nehmen. So zog er sich ins Innere der Insel zurück und beging als tapferer Held in der großen Tradition Japans *seppuku*.

mer wieder sein Ziel. Behende tänzelnd wich Yoshitsune Benkeis Schwerthieben aus. Bald war Benkei ganz schwindelig, doch sein lästiger Gegner ließ sich nicht vertreiben. Schließlich brach der Mönch völlig verwirrt zusammen, und als er aufblickte, sah er seinen Bezwinger auf seiner Brust sitzen: Er war besiegt worden, ohne daß ihn ein Hieb getroffen hätte. Keiner seiner eigenen Schläge hatte auch nur annähernd sein Ziel gefunden, während der Jüngling nicht einmal sein Schwert gezogen hatte. Als er erfuhr, daß er von einem Sohn Yoshitomos besiegt worden war, war seine Erniedrigung schnell vergessen: Ehrfurchtsvoll bat er darum, den jungen Mann fortan begleiten zu dürfen. So wurde eine der großen Freundschaften der japanischen Mythologie geboren: Gemeinsam vollbrachten die zwei zahlreiche Heldentaten.

Die beiden kämpften als verschworene Feinde der Taira-Sippe. Yoshitsune hatte aber einen noch viel ärgeren Feind in der Person seines älteren Halbbruders Yoritomo, dem rechtmäßigen Oberhaupt der überlebenden Mitglieder aus der Minamoto-Familie. Yoshitsune hatte ihm das nie streitig gemacht. Im Gegenteil, er kämpfte loyal für die Sache seiner Sippe und hatte dabei allein den Gedanken an die Rache für die Er-

Die Geister der Taira

Selbst im Tode konnte sich die Taira-Sippe nur schwer damit abfinden, daß sie ihre führende Stellung in Japan verloren hatte. Manch eine Geschichte erzählt von den Geistern der Taira, die noch heute dort spuken, wo sie von Yoshitsune und Benkei besiegt wurden.

Seltsame Lichter flackern des Nachts über der Meerenge von Shimonoseki, wo die Taira in der Schlacht bei Dannoura untergingen. Krebse huschen über den Strand: Das sind die Geister der gefallenen Taira.

Der blinde *biwa*-Spieler Hoichi war für seine Darstellungen der Taira-Geschichte berühmt. Er wohnte im Gedenktempel der Sippe an der Meerenge. Eines Abends erschien ein waffenstarrender Samurai und forderte ihn auf, mit ihm zu gehen und vor Würdenträgern aufzutreten, welche die Erzählung von der alten Schlacht zu hören wünschten. Der Krieger führte Hoichi in einen großen Raum, und ein aufmerksames Publikum

lauschte seinem Vortrag. Es waren viele in der alten Mode gekleidete Samurai und ihre Damen anwesend. Nach dieser Darbietung wurde Hoichi immer wieder gebeten zu kommen.

Eines Abends war er verschwunden. Draußen war es kalt und stürmisch, und ein besorgter Mönch ging ihn suchen. Schließlich fand er ihn auf dem Friedhof des Gedenktempels, wo er, auf einem Grabstein sitzend, zum Klang seiner *biwa* den Taira-Gräbern seine Geschichten vortrug. Als der Mönch ihn bat, zurück in den Tempel zu kommen, war Hoichi außer sich: Wie könne er es wagen, ihn vor einer so erlauchten Gesellschaft zu unterbrechen?

Minamoto Yoshitsune und der Mönch Benkei kämpfen auf der Gojo-Brücke in Kyoto. Alle Quellen stimmen darin überein, daß Benkei eine Riesengestalt besaß, doch einige erwähnen auch seine exotische Herkunft als Sohn einer Samurai-Tochter und eines *tengu*-Vaters. Nach dreizehn Monaten im Mutterleib wurde er mit einer langen Haarmähne, einem fertig ausgebildeten Gebiß und ausgewachsenen Gliedmaßen geboren. Die Szene ist einer Bildrolle entnommen, die Mitte des 16. Jahrhunderts mit dem Titel *Die Sage von Musashibo Benkei* nach dem Maler Tosa Mitsuhiro und dem Kalligraphen Imagawa Ryoshun geschaffen wurde.

mordung seines Vaters im Sinn. Yoritomo hingegen hatte eine zu niedere Gesinnung, um für dessen Selbstaufopferung Verständnis zu haben. Er war neidisch auf die Leistungen seines Halbbruders. Als Yoshitsune die Truppen der Minamoto zu ihrem ersten Sieg über die Taira bei Ichinotani führte, konnte sich Yoritomo kaum überwinden, ihm seine Anerkennung für diesen langersehnten Sieg auszusprechen.

Die Taira waren nach ihrer Niederlage völlig am Ende. Sie wären es auch geblieben, hätte Yorimoto es verstanden, seinen Neid und seinen Argwohn zu zügeln. Statt dessen aber verbot er seinem Halbbruder fortzufahren, wie dieser es sich gewünscht hätte. Um ihm nicht die Möglichkeit zu weiterem Ruhm zu geben, befahl Yoritomo ihm die Rückkehr nach Kyoto, während die Taira dankbar neue Kräfte sammelten. Ein weiteres Jahr sollte vergehen, bevor Yoshitsune wieder öffentlich auftreten und einem neu aufgestellten Heer der Taira entgegenziehen durfte. Wieder stellte er seine große Tapferkeit und sein taktisches Geschick unter Beweis, als er mit einer kleinen Streitkraft die Inlandsee überquerte und in einem Taifun ein gewaltiges Heer in einem Überraschungsangriff vernichtend schlug. Und wieder wurde ihm die Gelegenheit verweigert, den Sieg zu vervollkommnen, denn Yoritomo befahl ihm die Rückkehr, bevor er sich zu viel Ruhm erwarb.

So kam es, daß Yoshitsune die Taira noch ein drittes Mal besiegen mußte. Diesmal aber errang er einen vollkommenen Sieg. In der Seeschlacht bei Dannoura, in der engen Meeresstraße zwischen Honshu und Kyushu, nutzte Yoshitsune klug die steigende Flut, um den Lauf der Schlacht zu wenden, in der sich der Feind schon seines Sieges über Yoshitsunes kleinere und weniger kampferprobte Minamoto-Flotte sicher wähnte. Das Meer war an diesem Tag vom Blut der Taira rot gefärbt; die Banner ihrer gesunkenen Schiffe trieben auf der Meeresoberfläche wie Herbstblätter auf einem Teich. Doch dieser Erfolg brachte für den neidischen Yoritomo das Faß zum Überlaufen: Yoshitsune und Benkei mußten in die Berge fliehen und begingen schließlich *seppuku,* als sie sich umzingelt sahen. So endete das Leben zweier großer Helden, die, nachdem sie so lange die Gefahren des Krieges überlebt hatten, sich am Ende nicht gegen die Ränke der Mittelmäßigkeit durchsetzen konnten.

Herr des Reissacks

Wie der Held Hidesato den Namen Tawara Toda annahm, unter dem ihn die Nachwelt kennt, gehört zu den merkwürdigsten und interessantesten Geschichten der japanischen Mythologie, nicht zuletzt wegen des ewig fesselnden Motivs: Drachen und Ungeheuer.

Als Hidesato einmal am Ufer des Biwa-Sees entlang ging, traf er auf einen Fluß, der aus dem See herausfloß. Über den Fluß spannte sich eine Brücke, und darauf lag ein schlafendes, zusammengerolltes Ungeheuer, riesig und häßlich, das den Weg versperrte. Doch Hidesato war nicht der Typ, der sich von einem monströsen Drachen verscheuchen ließ. Er kletterte einfach über das schlummernde Ungeheuer, sprang auf der anderen Seite wieder hinunter und marschierte weiter. Da hörte er eine Stimme hinter seinem Rücken und drehte sich um. Statt des schlafenden Monsters sah er eine menschenähnliche Gestalt mit wildem rotem Haarschopf, auf dem eine Königskrone in Drachenform saß. Dieses seltsame Wesen erklärte, es sei der Drachenkönig des Biwa-Sees und brauche Hidesatos heldenhafte Hilfe. Viele Jahre lang habe es seine abscheuliche Drachengestalt angenommen, sobald sich ein Fremder nähere, und bisher sei jeder bei seinem Anblick davongelaufen. Hidesato hingegen habe sich als Mann ohne Furcht erwiesen: Er bitte ihn daher, ein Weilchen zu bleiben und ihm zu helfen, sein Königreich von der Tyrannei eines Tausendfüßers zu befreien, der tief im Innern des Berges Mikami lebe. Täglich komme er herabgestiegen, hole sich die Untertanen des Königs und schleppe sie davon, um sie zu fressen. Selbst der Königspalast sei nicht sicher vor ihm: Seine Kinder und Enkel seien von dem Ungeheuer entführt worden. Es könne nicht mehr lange dauern, bis er selbst an der Reihe sei.

Hidesato begleitete den König zu seiner Wohnstätte auf dem Grund des Sees und war tief beeindruckt von deren Glanz: Die prachtvollen Räume schienen im sanften unterseeischen Licht zu schimmern. In der Mitte des Palastes lag ein großer, prunkvoller Saal, wo dem Helden die delikatesten Leckereien aufgetragen wurden. Während er den süßesten Sake genoß und kandierte Lotusblüten knabberte, tanzte ein Goldfischballett gefühlvoll zur Musik einer Karpfenkapelle.

Hidesato war bezaubert und schon leicht vom Sake berauscht, als ihn etwas aus seiner Träumerei riß, das sich wie ein Donnerschlag anhörte. Heftig fuchtelnd winkte der König Hidesato an eine Balkontür, die er eilig aufstieß, und drängte den Helden hinaus.

Vom Balkon aus wäre eigentlich der Berg Mikami zu sehen gewesen, wären nicht seine Hänge von oben bis unten von dem sich heftig windenden Riesentausendfüßer bedeckt gewesen. Seine tausend Beine glühten wie Laternen, während die

Hidesato tötet Mukade, den Tausendfüßer des Berges Mikami. Zu seiner Belohnung gehörte ein unerschöpflicher Reissack. Ausschnitt aus einer im 17. Jahrhundert geschaffenen Bildrolle eines unbekannten Künstlers.

beiden Feuerkugeln, die seine Augen waren, seinen häßlichen Riesenkopf für jeden sichtbar erleuchteten. Hidesato griff nach seinem Bogen, zog einen Pfeil aus dem Köcher und schoß ihn ab, so daß er durch das Wasser zischte. Zu seiner Verwunderung aber prallte er vom Kopf des Ungeheuers ab. So zielte er erneut: Wieder war es ein meisterlicher Schuß – doch der Pfeil sprang zurück, ohne dem Monster etwas anzuhaben. Der Held begann schon, sich Sorgen zu machen, als ihm plötzlich eine Geschichte einfiel, die ihm einmal über die Zauberkraft menschlichen Speichels erzählt worden war. Also leckte er seinen letzten Pfeil ab, bevor er ihn abschoß. Diesmal traf der Schaft direkt ins Ziel und blieb stecken: Das Monster wand sich im Todeskampf und sackte schließlich zu einem Haufen lebloser Windungen zusammen. Als die Lichter an seinem Kopf und seinen Beinen erloschen, verschwand auch das Sonnenlicht vom Himmel. Blitze erhellten die Finsternis, Donner erschütterten die Erde, und ein Sturm wütete die ganze Nacht lang. Aber am nächsten Morgen ging die Sonne wieder über einer Landschaft voller Frieden und Schönheit auf.

Die wunderbaren Geschenke

Hidesato wurde vom Volk des Drachenkönigs als Retter gefeiert. Viele Tage und Nächte gab es Feste, doch dann verkündete der Held, er müsse nun weiterreisen. Da gab ihm der König zum Dank einige ganz besondere Geschenke: einen Sack Reis, einen Ballen Seide, einen Kochtopf und zwei Glocken. Die Glocken vermachte der Held einem Tempel als Erinnerung. Die anderen Geschenke wollte er für sich behalten. Sie waren nämlich unbezahlbar: Der Kochtopf kochte, ohne jemals auf ein Feuer gesetzt zu werden. Der Seidenballen gab den feinsten Stoff, ohne je zu enden.

Das Beste aber war der Reissack: Jahr für Jahr lieferte er Körner, ohne leer zu werden. Dieses Geschenk machte Hidesato reich und verschaffte ihm dazu einen neuen Namen: Tawara Toda, Herr des Reissacks.

Der heldenhafte Hidesato rettete den Drachenkönig vom Biwa-See aus den Klauen eines riesigen Tausendfüßers. Eiserner Drache, hergestellt von Myochin Kiyoharu, der zu einer berühmten Familie von Waffenschmieden gehörte (18. bis 19. Jahrhundert).

DIE EHRE DES KRIEGERS

Sechshundert Jahre lang stand Japan unter der Herrschaft von Shogun-Dynastien, die us dem Kriegeradel der Samurai hervorgegangen varen. Das Ethos dieser Männer hatte sich aus den nilitärischen Tugenden entwickelt, die lange zuvor in den nythischen Erzählungen von heroischen Schlachten, tapferen Sippenführern und kühnen Taten gepriesen worden waren; nsbesondere der Held Yamato-takeru *(Seite 76–81)* war ihr Vorbild. Obwohl die Shogune den Krieg verherrlichten und größen Wert auf Opferbereitschaft des Kriegers sowie die unbedingte Treue gegenüber dem Lehnsherrn legten, förderten sie im Lauf ler Zeit auch das Aufblühen von Kunst und Kultur und schufen so lie Grundlage, auf der sich das moderne Japan entfalten konnte.

Zu Beginn des 12. Jahrhunderts kämpften die immer mächtigeren Provinzherren um das spärliche Reisanbauland und unterhielten zu diesem Zweck eigene Heere, deren Krieger sich Samurai („Dienende") nannten. Das erste Shogunat (1185–1333) markierte den Beginn der Kriegerherrschaft und den Aufstieg der Samurai als Schwertadel. Die Regierungsgewalt ging vom Kaiser auf den Shogun über.

Im 17. Jahrhundert schränkte der Shogun Tokugawa Ieyasu die Macht der Provinzherren ein. Der Kaiser wurde wieder aufgewertet, und es entstand ein starres Vier-Klassen-System, in dem die Samurai unter Führung des Shoguns die oberste Schicht bildeten. Ein Ehrenkodex namens *bushido* („Weg des Kriegers") betonte, daß der Krieger dem Höhergestellten Respekt, Loyalität, Pflichterfüllung und Opferbereitschaft schuldete. Er beruhte auf der Zen-Philosophie, die Erleuchtung durch Meditation und Disziplin verhieß und für den Kriegeradel große Anziehungskraft besaß.

Die Rückkehr zur Zentralgewalt brachte Japan eine Epoche des Friedens und beraubte die Samurai ihrer ursprünglichen Bestimmung. Zwar blieben sie die führende Gesellschaftsschicht, doch das System erstarrte und brach im 19. Jahrhundert zusammen. Der alte Ehrenkodex allerdings lebte weiter: Das bewiesen die *kamikaze*-Flieger des Zweiten Weltkriegs mit ihren Selbstopfern.

Oben: Geschwungene Dächer zieren den *tenshu* – ein sechsstöckiges Turmgebäude – der Matsumotojo-Burg, die im 16. Jahrhundert im Norden von Honshu erbaut wurde. Vor allem im Zeitalter der Kämpfenden Provinzen (1490–1600) errichteten die Feudalherren ganze Burgstädte, in denen sie und ihre Anhänger bei einem Angriff Zuflucht fanden. Die frühen Burgen bestanden aus Holz, Bambus und Erdwällen, doch als sich die Kriege immer länger hinzogen und westliche Befestigungstechniken eingeführt wurden, baute man Steinwälle und umgab sie mit Gräben.

Links: Mächtige Hörner aus Metall verzieren diesen traditionellen Helm aus dem 17. Jahrhundert. Er gehörte einem Krieger der Truppen, die im Jahre 1600 von den Tokugawa in der Schlacht von Sekigahara besiegt wurden.

Rechts: Diese Bildrolle aus dem 17. Jahrhundert zeigt ein Porträt von Tokugawa Ieyasu, der 1603 das Shogunat übernahm und das Machtzentrum von Heian (Kyoto) nach Edo (Tokio) verlegte. Im 265 Jahre andauernden Tokugawa-Shogunat, das erst mit der Meiji-Restauration im Jahre 1868 zu Ende ging, bildeten die Samurai die Oberschicht der japanischen Gesellschaft.

Oben: Schwertkampf zwischen zwei Samurai, von Utagawa Kuniyoshi (1843–47). Eine gut geschmiedete Klinge konnte durchaus zu einem Gegenstand der Verehrung werden, dem man mystische Kräfte zuschrieb. Bei besonderen Anlässen wie Geburt oder Tod, aber auch bei Eidesformeln spielte das Schwert eine rituelle Rolle.

Rechts: Diese Statue, die im Ueno-Park in Tokio steht, stellt Saigo Takemori dar. Takemori war ein hochangesehener Samurai, der 1868 die Meiji-Reformen mit in die Wege leitete, dann jedoch das enorme Tempo und das weitreichende Ausmaß der Veränderungen nicht mitverantworten wollte. Als 1876 das Tragen von Schwertern verboten wurde, rief er zum bewaffneten Widerstand auf. Nach mehrmonatigen Kämpfen wurden er und seine 15 000 Anhänger bei Kagoshima von einer gewaltigen Übermacht eingekesselt. Während der letzten Schlacht im September 1877 wurde Takemori verwundet und beging *seppuku,* unterstützt von einem treuen Gefolgsmann.

Links: Der Holzschnitt von Ogata Gekko aus dem Jahre 1895 zeigt einen Samurai, der ein Gedicht auf den Stamm eines Kirschbaums schreibt. Während der langen Friedenszeit der Tokugawa-Periode wandte sich die Kriegerklasse zunehmend der Kunst und Literatur zu. Das Wappen des kaiserlichen Heeres war eine Kirschblüte, mit der sich Japans Samurai seit alters her identifizierten, weil sie nach einem kurzen, aber glanzvollen Leben rasch stirbt.

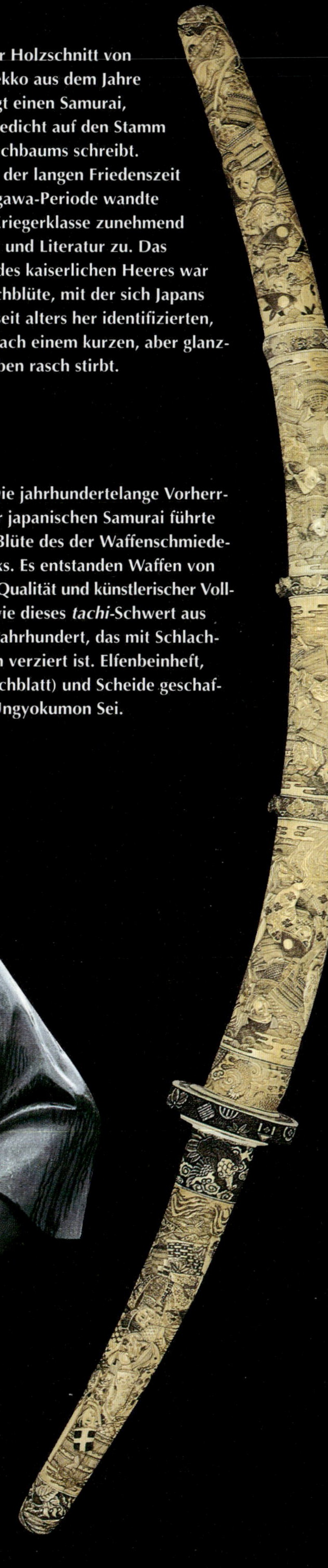

Rechts: Die jahrhundertelange Vorherrschaft der japanischen Samurai führte zu einer Blüte des der Waffenschmiedehandwerks. Es entstanden Waffen von höchster Qualität und künstlerischer Vollendung wie dieses *tachi*-Schwert aus dem 19. Jahrhundert, das mit Schlachtenszenen verziert ist. Elfenbeinheft, *tsuba* (Stichblatt) und Scheide geschaffen von Ungyokumon Sei.

GEISTER UND DÄMONEN

Die große Zahl der Trauergäste bestätigte, was ohnehin jeder wußte: Der Verstorbene war ein hochgeachteter und beliebter Mann gewesen. Um sein Grab, an dem der Priester ein Gebet sprach, standen seine Söhne und Töchter, umringt von ihren eigenen Kindern. Etwas weiter entfernt hatte sich die schweigende Dienerschaft des Verstorbenen versammelt und dahinter die Schar der Pächter, die Gebete murmelten. Aus der Nachbarschaft waren Großgrundbesitzer gekommen, um einem hervorragenden Vertreter ihres Standes die letzte Ehre zu erweisen, und die Stadt hatte Würdenträger entsandt, um eine wichtige Persönlichkeit des öffentlichen Lebens auf ihrem letzten Weg zu begleiten. Sogar ein Repräsentant des Hofes war erschienen, um einen Mann zu würdigen, der sich um das Reich verdient gemacht hatte. Die Beteiligung am Leichenbegängnis war in der Tat beeindruckend. Nur eine wichtige Person fehlte – der Tote selbst, von dem weder der Sarg noch der Leichnam zu sehen waren.

Oben: **Einige der berühmten hundert Jizo-Standbilder des Jomyo-in-Tempels in Yanaka, Tokio. Jizo, der Gott der Gnade und des Mitleids, ist Hüter des Friedhofs; er schützt die Seelen vor bösen Geistern und bewacht sie in der Nacht.**

Dabei war er als erster dagewesen, und alle Anwesenden wußten es. Sein Körper lag seit mehr als drei Jahrzehnten in einem der angrenzenden Gräber, und nun war die Zeit gekommen, den *tama* oder Geist des Toten gesondert zu bestatten, der während der ganzen Jahre an der einstigen Wirkungsstätte des Körpers verblieben war. Die altjapanische Gesellschaft trennte strikt zwischen Körper und Seele. Und selbst wenn die Seele zur letzten Ruhe gebettet war, verschwand sie nicht endgültig: Der individuelle Geist des Verstorbenen verwandelte sich in einen überpersönlichen Geist der Ahnen. Die strenge Trennung von Körper und Seele brachte die beiden paradoxerweise näher zusammen, denn sie mündete in der Vorstellung von einer Welt, die von lebenden Geistern bevölkert war.

Für die Seelen der Toten war dieser Vorstellung entsprechend die Grenze zwischen „real" und „übernatürlich" so leicht zu überwinden, daß sie praktisch nicht existierte. Und wo die Geister der einst lebenden Menschen frei umhergingen, taten es auch andere Geistwesen. Sie konnten Tiere, Bäume, Blumen und sogar das Wetter in die Lage versetzen, dem Menschen wohl- oder übelzuwollen. Nirgendwo zeigt sich diese Einflußnahme deutlicher als in der reichen Tradition der japanischen Volkserzählungen. Die bis heute als ein Schatz gehüteten und weitergegebenen Geschichten, die im Mittelalter von Schreibern und Gelehrten gesammelt wurden, führen uns eine natürliche Welt vor Augen, die von übernatürlichem Leben geradezu überquillt.

Gegenüber: **Shoki, der Dämonenbezwinger, mit einem boshaften *oni*, einem Dämon, in der einen und einem Schwert in der anderen Hand. Elfenbein-*netsuke*, 19. Jahrhundert.**

Die Dummheit der Teufel

Die *oni* sind Teufel, die bei aller Bedrohlichkeit auch lächerliche Züge haben. Muskelbepackt, von abstoßender Hautfarbe und mit einem Grinsen, das von Ohr zu Ohr reicht, verfügen sie über gewaltige Körperkräfte – doch ihre Stärke ist mit einer ebenso großen Einfalt gepaart.

In einer Höhle in den Bergen hausten ein Teufel und sein Weib. Tag für Tag stiegen sie ins Tal hinab, um einem Sterblichen zu verschlingen. Der Schutzgott des Ortes, Tametomo, der all dies von seinem Schrein aus beobachtete, hatte Mitleid mit den Leuten. Er nahm Menschengestalt an und begab sich zur Höhle des Teufelspaares, um dem Treiben ein Ende zu setzen.

Bei der Begrüßung gab er sich als großzügiger Gönner aus. Warum machten sie sich die tägliche Versorgung mit Menschenfleisch so schwer, fragte er. Er habe einen Handel vorzuschlagen. Wenn sie es schafften, im Verlauf der kommenden Nacht eine Treppe aus 100 Stufen vom Tal bis zu seinem Tempel zu bauen, wolle er persönlich dafür sorgen, daß sie sich ihr Essen nicht mehr selbst beschaffen müßten. Statt dessen solle ihnen täglich ein Mensch zur Höhle gebracht werden. Sollten sie allerdings versagen, so hätten sie das Dorf in Zukunft zu verschonen.

Zwei muskulöse *oni,* deren dämonisches Aussehen durch die kurzen Hörner betont wird. Die Gesichter lassen aber auch die Dummheit dieser Geister erkennen. Eine Lackarbeit aus dem 19. Jahrhundert.

Die *oni* konnten kaum glauben, daß sie so leicht in den Genuß dieser Dienstleistung kommen sollten, und stimmten dem Handel sofort zu. Entsetzt sah Tametomo, mit welcher Leichtigkeit sie die gestellte Aufgabe angingen. Riesige Felsbrocken flogen von einer Talseite auf die andere, als ob sie Federn wären, und in wenigen Stunden war die Treppe fast vollendet. Um Mitternacht stand zweifelsfrei fest, daß sich der Gott gewaltig verschätzt hatte.

Vom Tal den Hang hinauf bis fast an den Tempel führten bereits 99 Stufen, als ein Hahnenschrei den Morgen verkündete. Die Dämonen heulten wütend auf und warfen den letzten Stein enttäuscht hin. Sie waren ihrem Ziel so nahe, und nun sollten alle Anstrengungen umsonst sein! Das war mehr, als sie ertragen konnten. Sie stürmten den Berg hinauf und verschwanden auf Nimmerwiedersehen. Tametomo blieb in seinem Tempel zurück und atmete erleichtert auf. Die Finsternis, die über dem Land lag, das Fehlen auch nur des schwächsten Lichtstreifs hatte die leichtgläubigen Dämonen in keiner Weise stutzig gemacht. Sie hatten den Hahnenschrei für echt gehalten, den der Gott ausgestoßen hatte. Wenn nur alle Geister mit solcher Einfalt geschlagen wären!

Wie das Böse, das sie verkörpern, treten japanische Dämonen in unzähligen Gestalten auf, angefangen von schaurigen Riesen von der Größe eines Erdteils bis hin zu koboldhaft kleinen Unheilstiftern. Doch so bedrohlich sie aussehen und sich verhalten, eins haben alle *oni* gemeinsam: So gut wie jeder ist auf eine beruhigende Weise komisch.

Hinterhältigkeit gepaart mit Dummheit: Das ist der typische *oni*. Er hat ein plattes Gesicht mit einem großen, von Ohr zu Ohr grinsenden Mund. Zwei Hörner sitzen auf einem gräßlichen Kopf, aus dem drei

Augen glühen. Je drei klauenartige Finger und Zehen verunzieren die mißgestalteten Hände und Füße. Die nackte rosafarbene, graue oder sogar blaue Haut kontrastiert mit dem Tigerfell, das der *oni* um die Hüfte trägt. In der rechten Hand hält er einen Eisenstab mit todbringenden Zinken, und hinter sich her zieht er einen brennenden Karren, in den er die sündenbeladenen Seelen der Verdammten wirft. Doch bei allem Schrecken, den sein grotesker Anblick verbreitet, bleibt genügend Raum für das Absurde – wenn nämlich seine Leichtgläubigkeit ins Spiel kommt.

Des Teufels Braut

Ungeduldig erwartete der Bräutigam seine Braut. Schon näherte sich der Wagen, in dem die bezaubernde junge Frau saß, dem Dorf, als sich eine dunkle Wolke niedersenkte. Sie umhüllte das Gefährt mit seiner lieblichen Fracht, und vor den Augen der Familie und der Bediensteten, die hilflos zusahen, trug sie es davon in den Himmel.

Die Mutter der Braut faßte sich als einzige ein Herz und begab sich auf die Suche nach ihrer geliebten Tochter. Sie wanderte den ganzen Nachmittag; als es Abend wurde, kam sie zu einem einsamen Tempel an einem Fluß. Die Priesterin dort bot ihr nicht nur ein Bett für die Nacht an, sondern wußte auch zu berichten, wo sich das Mädchen aufhielt. Es sei einer Horde von *oni* in die Hände gefallen, sagte sie, und werde in einer Burg auf der anderen Seite des Flusses gefangengehalten. Es gebe eine Brücke, doch sie werde von zwei riesenhaften Hunden bewacht und sei nur zu überwinden, wenn die Wächter schliefen.

Als die Mutter am nächsten Morgen erwachte, befand sie sich mitten in der Wildnis; Tempel und Priesterin waren verschwunden. Aber der Fluß und die Brücke existierten und auch die beiden furchterregenden Wachhunde, die allerdings in tiefem Schlummer lagen. Sie faßte Mut, schlich über die Brücke und in die Burg. Dort fand sie ihre Tochter, allein in einer Kammer, mit einer Webarbeit beschäftigt.

Da kündigte gewaltiger Lärm die Rückkehr der Dämonen an. Die Tochter versteckte ihre Mutter in ei-

Diese Bildrolle aus dem 19. Jahrhundert stellt einige der Qualen dar, die in der Hölle auf die Verstorbenen warten.

Der mutige Shoki

Über Shoki, den Dämonenbezwinger, gibt es viele Geschichten. Sein Bild ist auch auf Flaggen zu sehen, die am Maifeiertag aufgezogen werden.

Der Maifeiertag, ein hohes religiöses Fest, ist der Tag, an dem in Japan alle bösen Geister vertrieben werden: Verwünschungen, Krankheiten und anderes teuflisches Unheil. Shoki, der Schutzgeist des Festes, ist ein vergleichsweise junger Held in der japanischen Überlieferung. Er stammt aus dem China des 8. Jahrhunderts. Dort soll er im Dienst des Kaisers gestanden haben, ohne jedoch besondere Anerkennung zu finden. Schließlich beging er aus Enttäuschung Selbstmord. Erst nach seinem Tod fand Shokis Geist seine ewige Berufung als unermüdlicher, unüberwindlicher Dämonenbezwinger, und zwar sowohl in seiner Heimat als auch in Japan. Japanische Künstler porträtieren ihn seit mehreren hundert Jahren mit bärtigem Antlitz, glühenden Augen, fließenden chinesischen Gewändern und einem wirbelnden Schwert.

Shoki, hier dargestellt von dem Schauspieler Nakamura Utayemon, bekämpft den Donnergott. Im 19. Jahrhundert waren solche realistischen Darstellungen außerordentlich populär. Gemälde von Sadanobu Hasegawa, 1886.

ner Truhe, die in der Ecke der Kammer stand. Aber so leicht war der *oni*-König nicht hinters Licht zu führen. Denn eine Pflanze im Garten brachte für jeden Sterblichen in den unheiligen Hallen eine Blüte hervor, und die zweite Blüte, die die Anwesenheit der Mutter verriet, war dem *oni* nicht entgangen. Die Sache wäre schlecht ausgegangen, hätte das Mädchen nicht eine glaubhafte Erklärung vorgebracht: Sie sei schwanger, sagte sie, mit seinem Kind.

Außer sich vor Freude ließ der König ein Fest ausrichten, und schon bald waren er und seine teuflischen Höflinge nicht mehr Herren ihrer Sinne. Während sie schnarchten, schlichen sich die Frauen an den schlafenden Hunden vorbei. Die Priesterin, die der Mutter schon einmal geholfen hatte, erschien erneut und wies sie an, in einem Boot zu fliehen. Doch gerade als sie sich gerettet wähnten, ertönte lautes Poltern aus der Burg. Die Dämonen waren erwacht, mit Kopfschmerzen und nach Wasser dürstend. Mit blutunterlaufenen Augen stolperten sie zum Fluß hinunter, knieten nieder und tranken so gierig, daß der Sog des Wassers das Boot mit den Frauen zurück zur Burg riß, von der sie gekommen waren.

Zum Glück hatte die Priesterin eine Idee. Aufstehen, den Kimono öffnen und den Dämonen den Anblick ihrer nackten Leiber bieten! lautete ihr Rat. Mit Stielaugen glotzten die *oni,* und ihr lustvolles Grinsen wurde derart breit, daß ihnen alles Wasser, das sie bereits getrunken hatten, aus dem Mund lief und eine gewaltige Woge bildete, die Mutter und Tochter erfaßte und davontrug. Wieder einmal hatte listige Schläue über die Kraft der *oni* gesiegt.

Ähnlich sollte die Geschichte von einer alten *oni* und einem jungen Priester enden. Der Novize hatte seinen Vorsteher schon oft darum gebeten, im Wald Nüsse sammeln zu dürfen, aber immer war es ihm verwehrt worden. Er blieb jedoch hartnäckig, und schließlich durfte er doch gehen, vorausgesetzt, daß er drei Talismane mitnahm; sie sollten ihm helfen, sich die Dämonen des Waldes vom Leib zu halten.

Kaum hatte er den Wald betreten, da überwältigte ihn eine alte *oni* und sperrte ihn in ihrem Haus ein. Die Nacht verbrachte er wie gelähmt vor Angst, doch als der Morgen kam, faßte er wieder Mut. Bald hatte er sich einen Plan zurechtgelegt. Er bat seine Entführerin, den Abort aufsuchen zu dürfen. Sie war nicht so dumm, ihn ohne Absicherung aus den Augen zu lassen, legte ihm einen Strick an und hielt das Ende fest, während sie draußen wartete.

Der Novize schloß die Tür hinter sich, befreite sich von dem Strick und band das Ende an einem Balken fest. Dann befahl er dem ersten Talisman, den er erhalten hatte, zu antworten, wenn seine Wärterin rief, und entwischte durch das Fenster. Minuten später rief die Alte, was ihn aufhalte; er sei gleich soweit, antwortete eine Stimme, nur noch einen Moment Geduld. Aber die Teufelin wurde mißtrauisch. Als sie die Tür aufzog, mußte sie feststellen, daß der Mann entschwunden war. Trotz des Vorsprungs holte die Alte ihn ein. Der Novize warf seinen zweiten Talisman auf die Erde, und ein Sandberg türmte sich auf, welcher der *oni* den Weg versperrte. Das Hindernis hielt sie zwar auf, aber bald war sie dem Flüchtenden wieder auf den Fersen. Da warf dieser seinen letzten Talisman, und ein Fluß tat sich auf, der die Verfolgerin fortriß.

Zurück im heimischen Tempel erzählte der Novize die Geschichte seinem Vorsteher. Dieser versteckte den jungen Mann in einem Kasten, der unter der Decke hing. Kurz darauf traf die *oni* ein und verlangte, daß der Vorsteher ihr den jungen Mann ausliefere. Doch da stand dessen Plan schon fest. Er werde ihr den Novizen übergeben, sagte er scheinheilig, wenn sie dafür ein paar Anweisungen befolge. Sie willigte ein und fragte, was sie tun solle. Sie solle sich groß machen, erwiderte er – und sie wuchs, bis ihr Kopf fast das Tempeldach berührte. Sie solle sich klein machen, bat er sie – und sie schrumpfte auf die Größe einer Bohne. Der alte Priester steckte sie rasch in den Mund und schluckte sie hinunter. Zu gegebener Zeit regte sich sein Darm, und heraus kam ein Schwarm Fliegen.

Diese beiden Holzskulpturen stellen *koma ino* oder Tempelwächter dar – löwenähnliche Hunde, die böse Geister und Unglück abwehrten. Kamakura-Zeit, 1185–1393.

Der reizbare Trickster

Der *tengu* ist ein regionaler Schutzgott, der über die Berge, Tiere, Pflanzen und Menschen seines Territoriums wacht, aber auch ein unverbesserlicher Unruhestifter mit einem stürmischen Temperament, dessen Humor in Zorn umschlägt, wenn ein Spaß auf seine Kosten geht.

In den Bergen des Bezirks Shimane lebte einst ein nichtsnutziger Gauner, der den ganzen Tag im Bett verbrachte und erst in der Nacht das Haus verließ, um bei Nachbarn einzubrechen oder Reisende auszurauben. Eines Morgens, als er durch die Kiefernwälder nach Hause ging, beschloß er, sich abseits des Weges an einem einsamen Tempel auszuruhen.

Ohne Rücksicht auf die Heiligkeit des Ortes machte er ein Feuer und zündete sich gerade die Pfeife an, als er einen höchst ungewöhnlichen Vogelruf vernahm. Er blickte nach oben und entdeckte in einer Baumkrone einen großen Vogel mit langem Schwanz. Er nahm sein Gewehr, feuerte, und die Beute fiel zu Boden. Er wollte sie gerade aufheben, als ihn ein Blick traf. Entsetzt stellte er fest, daß er nicht einen Vogel, sondern einen *tengu* angeschossen hatte.

Woher er das Recht nehme, auf einen Geist zu schießen, fragte der Vogel-Mann ärgerlich und ließ sich durch alles Bitten um Vergebung nicht besänftigen. Statt dessen berührte er den Jäger mit einem Zweig, und Flammen schlugen am Körper des Missetäters empor, die ihn von Kopf bis Fuß in eine brennende Fackel verwandelten. Seine Schreie hallten durch die morgendliche Stille und riefen die Leute aus dem Dorf herbei. Sie fanden ihn, wie er sich am Boden wälzte, dem Tode nah. Er berichtete von seiner schrecklichen Begegnung mit dem *tengu* und gestand alle Verbrechen, die er den Dörflern angetan hatte. Die Leute versuchten, ihm zu helfen, doch seine Lage war hoffnungslos.

Der geflügelte, langnasige *tengu* war Schutzgeist der *ninja*, eines Geheimbundes von Mördern, die gut getarnt ihre dunklen Ziele verfolgten. Votivgemälde, um 1800.

Diese und andere Legenden erinnern an die Funktion des *tengu* als Schutzgott einer Region. Auch wenn er gelegentlich grausam strafte – wer ohne seine Erlaubnis Holz schlug, mußte damit rechnen, daß er sein Haus in Flammen fand –, so kann er doch als eine Art übernatürlicher sozialer und ökologischer Ordnungshüter in seinem Territorium betrachtet werden.

Die Holzfäller und die Grützbeutel

Im großen und ganzen spielt der *tengu* in der japanischen Überlieferung die Rolle der komischen Figur. Dies unterstreicht schon sein Aussehen – er ist ein Mischwesen aus Mensch und Vogel, mit kleinen, gefiederten Schwingen, Klauen und einer langen, schnabelartigen Nase. Ein hochmütig-zorniger Ausdruck rundet das Bild ab, wobei die rote Farbe des Gesichts auf seinen Jähzorn hindeutet.

Im Laufe der Zeit entwickelte sich der *tengu* immer mehr weg vom Religiösen und hin zum Satirischen. Er war das Symbol von Aufgeblasenheit und Stolz und galt als Reinkarnation von Menschen, die mit Groll im Herzen über vermeintliche Verletzungen ihres überzogenen Ehrgefühls gestorben waren. Vor allem anmaßende Krieger und selbstgefällige Priester kehrten als *tengu* zurück. Obwohl die *tengu* mißtrauisch waren, konnte man sie leicht in die Irre führen. Denn die *tengu* waren auch dumm.

In einem Bergdorf lebten zwei Holzfäller. Der eine war eine Frohnatur, der andere ein Griesgram. Beide hatten einen Grützbeutel, der eine auf der rech-

Die Rache des *tengu*

Die Scherze, die der „tengu" mit den Menschen trieb, waren eigentlich nicht besonders raffiniert, dafür um so ärgerlicher. Seltsame nächtliche Klopfgeräusche, unerklärliche Pannen, kalter Luftzug aus dem Nichts und Lichter ohne ersichtliche Quellen: Das Repertoire des „tengu" ähnelte dem des europäischen Poltergeists.

Allerdings machte sich der *tengu* auch nichts daraus, wenn bei lodernden Bränden oder schweren Unfällen Menschen ums Leben kamen – sein Humor hatte zweifellos etwas Zynisches. Umgekehrt verlangten Späße, die auf seine Kosten gingen, sofortige Rache. Ein junger Mann und selbsternannter Skeptiker, der den Kopf voller westlicher Ideen hatte, machte sich einmal über den Aberglauben seiner ländlichen Nachbarn lustig. In einem Federgewand als lächerlicher *tengu* verkleidet, kletterte er auf eine Kiefer und schrie vor Lachen, als sich die einfältigen Bauern unter ihm in Ehrfurcht verneigten. Der Geist des Berges aber fand das gar nicht lustig. Ein gellender Schrei ertönte, als ein Windstoß den Mann aus dem Geäst riß und in den Tod stürzte.

Ein anderer junger Mann machte ebenfalls den Fehler, einen *tengu* zu unterschätzen. Er drehte ihm einen Zweig im Tausch für einen Mantel an, der Unsichtbarkeit verlieh. Der verärgerte Geist verfolgte ihn und warf ihn schließlich in einen eiskalten Fluß, aus dem er sich nur mit knapper Not retten konnte.

ten, der andere auf der linken Gesichtshälfte. Eines Abends verirrte sich der erste Holzfäller im Wald und mußte in einem hohlen Baum Unterschlupf für die Nacht suchen. Es war fast Mitternacht, als er mit Schrecken sah, daß sich unter dem Baum eine Gruppe *tengu* versammelt hatte, um ein Fest zu feiern.

Mit der Zeit legte sich seine Angst und wich der Neugier. Es dauerte nicht lange, da saß er mit dem freundlichsten *tengu* zusammen und zechte. Jener schlug ein baldiges Wiedersehen vor, und der Holzfäller versprach, in Kürze wiederzukommen. Doch offenbar trauten sie seinem Wort nicht. Die Gruppe bestand auf einem Pfand, und der Holzfäller hörte entgeistert zu, wie sie überlegten, was sie von ihm verlangen sollten. Schließlich einigten sie sich auf den Grützbeutel in seinem Gesicht, den sie nicht als entstellende Geschwulst, sondern als teuren Schatz betrachteten. Er konnte seine Freude kaum verbergen, als sie das häßliche Mal mit magischer Kraft von seiner Wange entfernten. Er könne es zurückhaben, sagten sie streng, wenn er sein Versprechen halte und wiederkomme. Der Holzfäller erneuerte seinen Schwur und begab sich innerlich jubelnd auf den Heimweg.

Als der andere Holzfäller ihn neidisch fragte, wie er den Grützbeutel losgeworden sei, berichtete er, was geschehen war. Der andere beschloß, sich seine Geschwulst auf dieselbe Weise entfernen zu lassen.

Als die *tengu* in jener Nacht zu ihrem Festplatz kamen, waren sie außer sich vor Freude, daß ihr vermeintlicher Zechkumpan bereits auf sie wartete. Er habe tatsächlich Wort gehalten, sagten sie begeistert, und solle seinen kostbaren Grützbeutel sofort zurückbekommen. Warum der Holzfäller verzweifelt im Wald verschwand, konnten sie gar nicht verstehen. Sein Gesicht war nun zweifach entstellt: Auf jeder Wange hatte er einen großen Grützbeutel.

Der Wasser-Vampir

Der *kappa* war einer der boshaftesten Geister der japanischen Mythen. Oft brachte er Unheil über die Menschen, konnte jedoch auch Gutes bewirken und sogar Schutz gewähren. Er galt als ein Wesen, auf dessen Wort man sich ohne weiteres verlassen konnte.

Neben Testamenten, Besitzurkunden und anderen Dokumenten, welche die amtliche Existenz der japanischen Familie bestätigen, besitzen manche Haushalte ein weiteres Papier, dessen Ursprung recht merkwürdig ist. Als der japanisch-amerikanische Ethnologe Hiroko Ikeda in den späten 50er Jahren des 20. Jahrhunderts ländliche Regionen bereiste, wurde ihm von mehreren Familien stolz ein schriftlicher Vertrag vorgelegt, der von einem Geist unterzeichnet war. In diesen Urkunden leistete der *kappa* genannte Wasser-Blutsauger einen offiziellen Eid, die Familie in Ruhe zu lassen. Er werde von Belästigungen Abstand nehmen und sogar alles in seinen Kräften Stehende tun, um sie zu beschützen. Das ist das Paradoxe am *kappa:* Er ist zwar einer der gefährlichsten Geister, aber auch der einzige, auf dessen Wort man sich verlassen konnte.

Dabei sieht der *kappa* weder besonders vertrauenswürdig aus, noch verhält er sich so. Er hat die Gestalt eines Kindes, so heißt es, doch damit ist es mit seiner Unschuld auch schon zu Ende. Wie der *oni* schreckt der *kappa* nicht davor zurück, Frauen zu vergewaltigen – und die können sich noch glücklich schätzen, weil sie wenigstens am Leben bleiben. Denn normalerweise lauert der in Flüssen, Seen und Teichen hausende *kappa* Sterblichen und ihren Haustieren auf, um ihnen durch den Anus das Blut auszusaugen. Der geweitete Anus vieler Ertrunkener wurde seinem unheilvollen Wirken zugeschrieben. Fluß- und Seeufer, an denen er sein Unwesen trieb, wurden gemieden; war dies nicht möglich, spornte man sich zu größter Eile an, um dem *kappa* nicht zum Opfer zu fallen.

Die schleimige, manchmal schuppige Haut des *kappa* hat eine gringelbe Farbe; Finger und Zehen sind durch Schwimmhäute verbunden, die Schädeldecke hat in der Mitte eine Delle. In der Delle befindet sich eine Flüssigkeit, die dem *kappa* Kraft verleiht. Jeder Tropfen, der zu Boden fällt, schwächt den Unhold;

Ein *kappa* rittlings auf einer Gurke, mit der er durch die Lüfte fliegt wie eine Libelle. Das bizarre Wesen ließ sich mit Gurkenopfern besänftigen. Hokuga, um 1830.

ihn soweit zu bringen ist allerdings leichter gesagt als getan, denn der Blutsauger verfügt über immense Muskelkraft. Wenn es überhaupt eine Rettung gibt, dann liegt sie auch hier im widersprüchlichen Wesen des *kappa:* Es soll nämlich vorgekommen sein, daß er sich höflich vor seinem potentiellen Opfer verneigte. Dabei verschüttete er die kostbare Flüssigkeit und gab dem Bedrängten die Möglichkeit zu entkommen. Die Wahrheit ist, daß sich der *kappa* bei allem Unheil, das er anrichtet, einen Rest Ehre und Aufrichtigkeit bewahrt hat, über die andere dämonische Wesen nur hohnlachen würden. Dies macht ihn zu einem der interessantesten Geister in Japan.

Als Beispiel mag die Geschichte von dem *kappa* dienen, der eines Tages seinen Teich verließ, um sich über eine Kuh herzumachen, die ein unvorsichtiger Bauer an einem Baum festgebunden hatte. Während der *kappa* den Arm ganz lang machte, um durch die Eingeweide an die Zungenwurzel der armen Kreatur zu gelangen, brüllte das Tier vor Schmerz und Angst und versuchte zu entkommen. Aber der Strick hielt, und die Kuh konnte nur um den Baumstamm herum rennen. Dies aber hatte zur Folge, daß sich der Arm des *kappa* um den Baum wickelte und der Blutsauger festhing. Das Brüllen der Kuh rief den Bauern herbei. Der Blutsauger befreite sich und lief davon – zurück blieb sein um den Baum gewickelter Arm.

Der Bauer barg die gräßliche Trophäe und nahm sie mit nach Hause. Nacht für Nacht bat der *kappa* vor der Tür inständig um Rückgabe seines Arms, aber der Bauer ließ sich nicht erweichen – bis der Blutsauger schließlich gelobte, ihn und seine Nachbarn nie mehr zu belästigen. Und daran hielt er sich. Von dem Augenblick an, in dem er sein Wort gab, ließ er die Menschen der Gegend und ihr Vieh in Ruhe. Was den Arm betraf, so wuchs er schnell wieder an, denn der *kappa* war bekannt dafür, daß er gebrochene oder sogar abgetrennte Glieder heilen konnte, ohne daß Verstümmelungen oder Narben zurückblieben.

In einem Teich lebte ein *kappa,* der nicht so häßlich war wie seine Vettern und sich tatsächlich als Kind ausgeben konnte. Jeder Mensch, der sich ihm näherte, wurde zum Fingerhakeln aufgefordert, und die meisten ließen sich lachend auf die Herausforderung des „Knaben" ein. Der Spaß währte jedoch nur so lange, bis der *kappa* seine übernatürlichen Kräfte ins Spiel brachte, sein unglückliches Opfer in die Tiefe zog und ihm das Blut aussaugte.

Die Situation wurde bald unerträglich, und die Dorfbewohner berieten über eine Lösung. Ein Mann bot sich an, sie alle von der Geißel zu befreien, wenn sie dafür sorgten, daß der Landherr ihm ein starkes, schnelles Pferd zur Verfügung stellte. Dies geschah, und beritten begab er sich an das Ufer des Teichs. Dort traf er den „Knaben", und nachdem sie die Finger ineinander verhakt hatten, gab er seinem Pferd kräftig die Peitsche. Der *kappa* verlor das Gleichgewicht und wurde hinter dem Pferd hergeschleift. Dabei schwappte die Flüssigkeit aus der Delle auf seinem Schädel, und er mußte seinen Bezwinger um Gnade anflehen. Wenn er ihn gehen lasse, schrie er, werde er ihn in der Kunst des Knocheneinrichtens unterweisen; dann gelobte der *kappa,* die Menschen nie wieder zu belästigen. Er hielt Wort, indem er seinen Bezwinger die Kunst des Knocheneinrichtens lehrte. Mit diesem Wissen ausgestattet, konnte sich der Mann als Arzt betätigen und eine Dynastie von Chirurgen gründen.

Die friedliche Stille eines ländlichen Sees verrät nichts über die Gefahr, die von einem dort hausenden *kappa* ausgehen kann. Sowohl Menschen als auch Tiere, die zu nahe kamen, liefen Gefahr, von dem Blutsauger angegriffen zu werden.

Sturmgeister

Über die Inseln Japans ziehen häufig extreme Unwetter hinweg, die von der See heranrasen. Die gefährliche Macht des Sturms und die atemberaubende Schönheit einer Schneelandschaft spielen nicht selten eine Rolle in Geschichten von großen Leidenschaften.

Jedes Jahr zur Herbstzeitgleiche wühlen Stürme das Meer rund um Japan auf. Gewaltige Brecher rollen auf die Ostküste zu, und selbst die geschützten Gewässer im Westen der Inseln brodeln. Nicht einmal der mutigste Fischer würde es jetzt wagen auszulaufen. Die furchtbarsten Stürme aber toben im Inland über dem Biwa-See, dem größten japanischen Binnensee. Zwar liegt er im Windschatten der Hira-Berge, doch das örtliche Mikroklima schafft ganz besondere Bedingungen. Jedes Jahr im Herbst tritt der Hira-Orkan auf, der die bewaldeten Hänge hinabrast und die Oberfläche des Sees zu gewaltigen Wellen auftürmt. Die Bäume beugen sich, als wollten sie um Gnade flehen, doch die Winde jagen weiter. Auf hoher See mag es heftigere Stürme geben, doch keiner gleicht an Zerstörungskraft dem Hira-Orkan.

Der Leuchtturmwärter und die Liebe

Stürme wie der Hira-Orkan stellen den angemessenen Hintergrund dar für eine leidenschaftliche Liebe und ihr tragisches Ende. Am Ostufer des Sees stand einst ein Leuchtturm, der Schiffen den sicheren Weg um eine Felsenklippe wies. Der Leuchtturmwärter war ein hübscher junger Mann von freundlichem Wesen. Eines Frühlingstages erhielt er Besuch vom anderen Seeufer, und unter den Leuten befand sich auch ein junges Mädchen, in das er sich heftig verliebte. Zu seinem Entzücken erwiderte sie seine Gefühle und war sogar bereit, ein Risiko einzugehen: Da ihn seine Arbeit des Nachts im Turm festhielt, stahl sie sich jede Nacht, wenn ihre Eltern schliefen, zum See hinunter und ruderte zum anderen Ufer. An windstillen Tagen spiegelte sich der Mondschein in der glatten Wasseroberfläche, und die Ruderschläge hallten laut durch die Nacht. An anderen Tagen tanzte das Boot wie eine Nußschale auf den Wellen, die, im Falle des Kenterns, dem Mädchen ein nasses Grab bereiten würden. Aber sie fürchtete sich nicht, denn am Horizont strahlte das Licht des Leuchtturms, in dem ihr Liebster wartete.

Nacht für Nacht überquerte sie den See. Dann kam der Herbst, und mit ihm die Stürme, doch die Liebende wollte kein einziges Stelldichein versäumen – kein Orkan konnte die Kraft der Gefühle übertreffen, die in ihrem Herzen tobten. Doch den Leuchtturmwärter befielen allmählich Zweifel – die erste Leidenschaft war abgeklungen. War es nicht ungehörig, daß eine Frau das ganze Risiko einer heimlichen Liebe trug? Und konnte es mit rechten Dingen zugehen, wenn jemand standhaft allen Stürmen trotzte?

So kam es, daß die bedingungslose Liebe der jungen Frau zu ihrem Nachteil ausgelegt wurde – ihre Hingabe galt als Zeichen ihrer Unehrenhaftigkeit, ihr Mut als Beweis, daß sie mit dämonischen Kräften im Bunde war. Die Macht ihrer Gefühle verwirrte und bedrängte den Leuchtturmwärter so sehr, daß er sie am Ende tatsächlich für eine Dämonin oder ein Drachenmädchen hielt. Eines Nachts wollte er sich Klarheit verschaffen und löschte das Licht des Leuchtturms. Ein Geist würde den Weg zur anderen Seite auch so finden; welches Schicksal einem Mädchen aus Fleisch und Blut drohte, ging ihm nicht durch den Kopf.

Die junge Frau draußen in der dunklen, mondlosen Nacht traute ihren Augen nicht, als sie aus einem Wellental auftauchte und nichts als Finsternis vor sich sah. Ohne Orientierung trieb sie schaukelnd dahin, hin und her geworfen. Als ihr Boot unterging und der Tod sie in die Tiefe riß, wurde ihr klar, daß ihr Geliebter sie im Stich gelassen hatte, und bitter verfluchte sie ihn. Da wurde der Sturm plötzlich stärker. Berghohe Wellen wanderten über den See, schlugen an das Ufer und zerschmetterten alles, was ihnen im Weg stand. In vorderster Front auf seinem Felsen hielt der Leuchtturm Wache; am Morgen war er verschwunden, mitsamt seinem jungen Wärter.

Yuki-onna, die Schneejungfrau

Das Land lag unter einer dichten Schneedecke. Ein Reisender wurde vermißt, und nach langem Suchen fand man ihn in seinem eisigen Grab. Auf seinem Gesicht lag ein Ausdruck höchsten Glücks: Er sah aus wie ein Mann, der in den Armen einer Geliebten eine leidenschaftliche Nacht verbracht hatte.

Wenn ein Mensch erfror, vergaß er die Schmerzen in seinen abgestorbenen Gliedern; sein Kampf erlahmte, und ihn überkam ein Gefühl der heiteren Stille, die ihn auf den verführerischsten, unmerklichsten Tod vorbereitete. Dieses Paradox war dem Wirken der Schneejungfrau Yuki-onna zuzuschreiben, die nichtsahnende Männer in ihr weiches Bett lockte. Sie hatte ein kalkweißes, geisterhaftes Gesicht, einen herrlichen Körper und war fähig zur zartesten Umarmung. Kein Mann konnte ihr widerstehen, und nur wenige hatten das Glück, die Begegnung zu überleben.

Ein junger Mann, der noch einmal davonkam, verfiel Yuki-onna, als er mit einem wesentlich älteren Begleiter über die Berge zog. Sie gerieten in einen Schneesturm und suchten Schutz in einer abgelegenen Hütte. Mitten in der Nacht schreckte der Jüngling aus dem Schlaf auf und sah, wie eine wunderschöne Frau den Raum betrat. Sie beugte sich über seinen schlafenden Begleiter und hauchte ihm ihren Atem ins Gesicht. Kurz darauf stand sie bei dem jungen Mann, der starr vor Angst dalag. Sie werde ihn verschonen, sagte sie, wenn er schwöre, über ihren Besuch zu schweigen.

Am nächsten Morgen war die Frau verschwunden, sein Freund tot. In Panik zog der junge Mann weiter, und nie sprach er über sein Erlebnis. Jahre später verliebte er sich in eine junge Frau, die den weitverbreiteten Namen Yuki („Schnee") trug. Sie heirateten, bekamen Kinder und waren glücklich.

Eines Abends, als das Kerzenlicht auf Yukis blasses Gesicht fiel, kam dem jungen Mann plötzlich die Nacht in der Berghütte in den Sinn, die schon viele Jahre zurücklag. Ohne an sein Schweigegelöbnis zu denken, erzählte er seiner Frau die ganze seltsame Geschichte. Plötzlich veränderte sich ihr Aussehen. Vor ihm stand die Schneejungfrau mit ihrem kalkweißen Gesicht, das von Wut verzerrt war. Hatte er nicht hoch und heilig geschworen, fuhr sie ihn an, kein Wort über ihr Geheimnis zu verlieren? Wenn sie ihn jetzt noch einmal verschone, fuhr sie fort, dann nur wegen ihrer geliebten Kinder. Und damit lösten sich ihre Konturen auf und verschmolzen mit der Dunkelheit. Ihre Familie hat sie nie wiedergesehen.

Schreckensbilder der Toten

Während des Totenfestes, so heißt es, begeben sich die Seelen der Verstorbenen auf Schiffe, die man *shoryobuni* nennt. Das Meer ist weithin erhellt von dem Licht, das die Seelen aussenden, wenn sie in die Geisterwelt zurückkehren. Seeleute wagen sich nicht in ihre Nähe, aus Furcht, mitsamt ihren Schiffe versenkt zu werden.

Ein Novize in einem Tempel lud einmal seine engsten Freunde in seine Kammer ein, um einen fröhlichen Abend mit Geistergeschichten zu verbringen. Als die Geschichten erzählt waren und sich alle aufs schaurigste unterhalten hatten, verabschiedeten sich die Gäste. Zwei junge Männer aber waren von weiter hergekommen als die anderen; sie blieben und schliefen auf dem Fußboden. Kurz nachdem Ruhe eingekehrt war, wachte einer von ihnen wieder auf und starrte in die Finsternis. Er sah, wie sich eine geisterhafte junge Frau über den schlafenden Mönch beugte und ihn samt Bett und Bettzeug hochhob. Mühelos trug sie ihn aus dem Zimmer. Minuten später war sie wieder da, und diesmal holte sie seinen Freund. Der junge Mann war von dem Anblick wie gelähmt, erholte sich aber soweit, daß er um Hilfe schreien konnte. Doch niemand hörte seine Rufe, und so lag er da, hilflos und allein, die ganze Nacht hindurch.

Erst als der Morgen anbrach, wich die Starre, die ihn befallen hatte. Er raffte sich auf, rannte nach draußen in die kalte Morgenluft und immer weiter, bis er zu Hause anlangte. Das Erlebnis jener Nacht hatte ihm solches Entsetzen eingejagt, daß er niemals darüber sprechen konnte.

Mühsam versuchte er, sein Leben wieder in die vertrauten Bahnen zu lenken. Aber irgend etwas zog ihn immer wieder zurück zu dem Tempel, in dem er inständig darum betete, daß der Himmel ihn vor weiterem Unheil verschonen möge.

Bei einem dieser Tempelbesuche fiel ihm eine junge Frau auf. Bei seinem nächsten Besuch sah er sie wieder, und die beiden kamen ins Gespräch. Einige Zeit danach heirateten sie. Mit ihr fand er das Glück, daß er seit dem rätselhaften Verschwinden seiner Freunde vergebens gesucht hatte. Er dankte dem Himmel, der ihm eine so tugendhafte, liebevolle Frau geschenkt hatte, und er fühlte auch kein Bedürfnis mehr, den Tempel aufzusuchen. In sein Leben war wieder Ruhe eingekehrt. Was sollte ihm nun noch passieren?

Die von Dämonen entsandte Erscheinung eines Skeletts beugt sich über zwei Samurai, um sie zu quälen. Druck von Kuniyoshi, 19. Jahrhundert.

Mit der Zeit vergaß er sogar den Jahrestag des unheimlichen Ereignisses – bis er eines Tages die Küche betrat und seine Frau über das Herdfeuer gebeugt vorfand. Das flackernde Licht, das auf ihrem Gesicht tanzte, offenbarte ihm ein anderes Antlitz, als er es erwartet hatte: Es war das der Geisterfrau aus dem Tempel.

Als die Geistererscheinung sich zu ihrem entsetzten Mann umdrehte, wußte sie, daß ihr Geheimnis an den Tag gekommen war. Sie trat auf ihn zu, ein böses Lächeln im Gesicht und mit ausgebreiteten Armen, als ob sie ihn umarmen wolle. Dann blies sie ihm ihren Atem ins totenbleiche Gesicht, und er sank zu Boden wie in einer Ohnmacht. Als seine Diener ihn fanden, war kein Leben mehr in ihm, und seine Frau war verschwunden.

Der Geist der Mutter

Anders als die Menschen des westlichen Kulturkreises betrachten die Japaner den Tod nicht als ein abruptes Ereignis, mit dem alles endet. Noch lange nachdem die sterblichen Überreste bestattet sind, verweilt die Seele in der Welt der Lebenden. Alle Angelegenheiten, die zum Zeitpunkt des Todes einer Lösung harren, alle Geschäfte, die unerledigt geblieben sind – der weiterlebende Geist des Verstorbenen hat die Möglichkeit, diese Dinge noch in Ordnung bringen. Solange das nicht geschehen ist, kann er die Welt nicht verlassen. Er muß auf der Erde verweilen, ohne Rast und Ruh. Ungesühntes Unrecht, ungehaltene Versprechen oder unerfüllte Pflichten: Alle Versäumnisse des Lebenden müssen im Tod nachgeholt werden. Kein Mythos illustriert dies eindringlicher als die Geschichte von dem Geist der Mutter.

Ein Kaufmann, so berichtet die Geschichte, war eines Abends eben dabei, sein Geschäft zu schließen, als eine blasse, verhärmt aussehende Frau hereingelaufen kam. Ihre Haare waren wirr, und sie machte einen gehetzten Eindruck. Wortlos zeigte sie auf das Regal mit *ame* – einem nahrhaften Sirup für Kleinkinder –, schob ihm das Geld hin und eilte mit ihrem Einkauf davon in die anbrechende Dunkelheit.

Irgend etwas stimmte nicht mit ihr, aber der Ladenbesitzer dachte nicht weiter darüber nach und wandte sich wieder seiner Arbeit zu. Am nächsten Abend tauchte sie erneut auf; ebenso geschah es an den Abenden danach. Da die Frau jedesmal wartete, bis kein Käufer mehr im Laden war, bekam keiner der anderen Kunden sie je zu Gesicht; und als der Ladenbesitzer sie ihnen beschrieb, erkannte auch niemand sie wieder. Inzwischen war

Der Geist einer Mutter trägt eine Figur, die Jizo darstellt; er galt unter anderem als Schutzpatron der Kinder. *Die Laterne des Geistes von Sifigured Oiwa,* Edo-Zeit, um 1852.

der Ladenbesitzer richtig neugierig geworden, und er beschloß, ihr zu folgen. Irgendeine Vorahnung veranlaßte ihn, ein paar Freunde mitzunehmen. Und das war gut so, denn die Frau blieb am Friedhof beim Tempel stehen, sah sich um und trat durch das Tor. Dem Ladenbesitzer und seinen Freunden schlug das Herz bis zum Halse. Zu ihrem Schrecken hob sie einen Grabstein in die Höhe und verschwand unter der Erde.

Aus dem Schrecken wurde pures Entsetzen, als die Freunde sich dem Grab näherten und ein Kind darin schreien hörten. Sie holten Lichter und Geräte; es dauerte nicht lange, bis sie das Grab geöffnet hatten und darin die allabendliche Kundin des Kaufmanns fanden, einen leblosen Leichnam. Aber jetzt lag ein zufriedenes Lächeln auf den Lippen, und in ihren Armen ruhte ein gesundes Kind, ein Knabe, den die Frau unter dem Herzen getragen hatte, als sie gestorben war. Als die Frau sich tot und begraben, mit einem lebenden Kind im Leib, unter der Erde wiederfand, hatte sie keine andere Wahl gehabt, als es auszutragen und zu nähren, wie es jede andere Mutter getan hätte. Nun aber war es ihr gelungen, jemanden auf den Kleinen aufmerksam zu machen und Pfleger zu finden, die ihn in ihre Obhut nehmen und aufziehen konnten, während sie selbst im Grab Ruhe und Frieden fand.

Ito und seine wunderbare Braut

Zwischen der diesseitigen und der jenseitigen Welt fand ein ununterbrochener Austausch statt, wie die folgende Geschichte belegt. Eines Abends kam eine Dienerin zu Ito und bat ihn, ihr zu einem wichtigen Treffen zu folgen. Die Bitte machte ihn so neugierig, daß er mitging, ohne eine Frage zu stellen. Sie führte ihn zu einem einsamen Haus in den Wäldern. Die Tür ging auf, und er wurde höflich hereingebeten.

Ito erkannte sofort, daß er sich in Gesellschaft von Geistern befand, aber sie schienen so real und sprachen so freundlich mit ihm, daß er sich nicht fürchtete. Er wurde einer jungen Dame vorgestellt, der Tochter von Shigehira, wie der Hausherr sagte. Nun

Die Rückkehr der Braut

Ein junges Paar gab sich feierlich das Eheversprechen: Beide wünschten sich nichts sehnlicher, als möglichst bald vereint zu werden. Aber wie so oft verhinderte ein Unheil die Erfüllung einer großen Liebe. O-Tei, so hieß die junge Frau, erkrankte schwer und siechte dahin.

Bevor die Vermählung stattfinden konnte, wurde O-Teis Zustand kritisch. Sie hatte Schwindsucht, und es war klar, daß ihre Tage gezählt waren. Vor ihrem Tod rief sie ihren Geliebten zu sich, um ihm zu sagen, daß sie nun gehen werde. Doch wenn er auf sie warte, fuhr sie fort, werde sie in einem kräftigeren Körper zu ihm zurückkehren. Weinend gab er ihr sein Wort, und als sie am nächsten Tag starb, schrieb er sein Versprechen feierlich auf und gab das Dokument seiner Liebsten mit ins Grab.

Dann verstrichen die Jahre, der Schmerz verging, doch die Erinnerung an O-Tei verblaßte nicht. Die Eltern des jungen Mannes beschworen ihren Sohn, die frühere Liebe zu vergessen, wollte er nicht sein ganzes Leben verschwenden.

Als sie schließlich eine passende Braut für ihn fanden, willigte er gehorsam in das Arrangement ein. Und er fand auch ein gewisses Glück bei der neuen Frau und dem Kind, das sie in Stunden der Liebe gezeugt hatten. Doch das Familienglück sollte nicht von Dauer sein. Der Vater und die Mutter des jungen Mannes starben. Kaum waren sie dahingegangen, entriß ihm der Tod auch seine junge Frau und sein Kind. Verzweifelt über den vierfachen Verlust beschloß der junge Mann, sich auf Reisen zu begeben, um vor sich selbst zu fliehen und das Leben, das er geführt hatte, zu vergessen.

So kam es, daß er sich eines Tages in einem abgelegenen Dorf in einer fernen Provinz wiederfand, die zu bereisen er überhaupt nicht die Absicht gehabt hatte. Aber die war Shigehira, wie Ito wußte, ein großer Krieger der Taira-Sippe gewesen und von Yoritomo, dem mächtigen Oberhaupt der Minamoto, hingerichtet worden – und zwar vor 600 Jahren. Das reizende Geschöpf, das ihm gegenüberstand, mußte also seit Generationen tot sein. Doch weil sie so schön war, verdrängte er diesen Gedanken, und als die Rede darauf kam, daß das Paar heiraten sollte, willigte er freudig ein.

Die Vermählung fand an Ort und Stelle statt, und die Jungverheirateten verbrachten eine leidenschaftliche Nacht miteinander, die den jungen Mann ganz in den Bann seiner Angetrauten zog. Im Morgengrauen kam die Zeit, da er sich verabschieden mußte. Ito, im Hochgefühl seiner Liebe und beflügelt von den Wonnen, die er erlebt hatte, fand nichts dabei, als er hörte, daß sie sich erst in zehn Jahren wiedersehen sollten. Auf die Wiederholung einer solchen Nacht, sagte er, würde er sein Leben lang warten.

Von dem Tage an veränderte sich sein Aussehen; er erkrankte und verfiel zusehends vor den Augen aller, die ihn kannten. Innerlich dagegen fühlte er sich jung und voller Lebensfreude, und seine Liebe gab ihm Kraft. Die Jahre vergingen, und die Zeit des Wiedersehens mit seiner Frau rückte näher. Der körperliche Verfall schritt unvermindert fort, und seine Mutter war der Verzweiflung nahe.

Endlich kam der Abend, an dem die geisterhafte Dienerin wieder an seine Tür klopfte. Doch bevor Ito mit ihr das Haus verließ, wollte er mit seiner Mutter sprechen. Er öffnete ihr sein Herz, berichtete von der zehn Jahre zurückliegenden Hochzeitsnacht und von dem Glück, das ihn für alle Zeit danach erwartete. Als Ito seinen Bericht beendet hatte, sah seine schluchzende Mutter, wie er, mit dem Ausdruck der äußersten Zufriedenheit auf dem eingefallenen Gesicht, den letzten Atemzug tat. Sie wußte nicht, ob sie um ihn trauern oder sich für ihn freuen sollte. War ihr Sohn im Fieberwahn gestorben? Oder war er tatsächlich in ein Leben des Glücks und der Leidenschaft mit seiner erwählten Braut eingetreten?

junge Frau, die ihn an seinem Tisch im Gasthof bediente, schien ihm irgendwie vertraut. Er hätte schwören können, daß er sie nicht kannte, und dennoch erinnerte sie ihn an O-Tei, die er vor Jahren so innig geliebt hatte.

Er fragte sie nach ihrem Namen und erhielt die Antwort, sie sei tatsächlich O-Tei. Der Brief, den er ihr mit ins Grab gegeben habe, habe ihren Geist getröstet, sagte sie. Nun sei sie zurückgekehrt, um wie versprochen bei ihm zu sein. Ihre Liebe flammte wieder auf. Die beiden heirateten und führten ein langes, glückliches Eheleben.

Vom Augenblick ihrer Heirat an verlor O-Tei jegliche Erinnerung an ihr voriges Leben. Und das ist das Merkwürdigste an dieser merkwürdigen Geschichte.

Die Freigebigkeit der Natur

Durch die Mythen Japans streift eine wahre Menagerie von Tieren. Die Schlange hat in der Regel etwas Bedrohliches, während der Fuchs nicht selten als Mittler zwischen der diesseitigen Welt und dem Geisterreich fungiert. Dazwischen gibt es eine Vielzahl von Wesen, die menschliches Tun, sei es gut oder böse, in angemessener Weise belohnen oder bestrafen.

Eine alte Frau wurde eines Tages Zeugin, als ein Knabe einen Stein nach einem Sperling warf und ihm einen Flügel brach. Während das verletzte Tier am Boden umherflatterte, sah die alte Frau eine Krähe, die am Himmel kreiste und ihre Beute schon erspäht hatte. Entschlossen trat sie hinzu und barg den kleinen Vogel in einer Schachtel.

Während der nächsten Tage pflegte sie den Sperling gesund, indem sie ihn mit Reiskörnern fütterte und ihm Liedchen vorsang. Ihre Familie hatte kein Verständnis für die Mühe, die sie sich mit einem so gewöhnlichen Geschöpf gab. Aber die mitleidige Alte hatte ihren Sperling überaus liebgewonnen, und als der Flügel geheilt war, fiel es ihr nicht leicht, ihm die Freiheit wiederzugeben. Sie nahm ihn mit nach draußen und warf ihn in die Luft. Ob er sich wohl an sie erinnern werde, fragte sie sich wehmütig, während der Vogel noch unsicher die Flügel ausbreitete und davonflog.

Die Geschichte von dem Sperling und den Flaschenkürbissen war eine Parabel über Habsucht und Mißgunst. Vase in Form eines Flaschenkürbisses, aus dem Süden von Kyushu (19. Jh.).

Tagelang war die Alte niedergeschlagen und traurig über die Trennung. Doch nach einigen Wochen tauchte er wieder bei ihr auf, mit einem Samenkorn im Schnabel, das er ihr zu Füßen legte. Die Alte beschloß, das Geschenk zu ehren, und setzte das Samenkorn in die Erde ihres Gartens. Die Familie machte sich über sie lustig, doch das Lachen blieb allen im Halse stecken, als bald eine baumstammdicke Ranke in die Höhe wuchs, an der riesengroße Flaschenkürbisse hingen, und das in einer Menge, die nicht nur für die Frau und ihre Familie reichte, sondern auch für alle Dorfbewohner. Doch damit war die Großzügigkeit des Sperlings mitnichten erschöpft. Denn angesichts der Überfülle an Kürbissen nahm die Alte acht der größten von ihnen und hängte sie zum Trocknen auf. Die Früchte, so dachte sie, würden treffliche Vorratsgefäße abgeben.

Dann kam die Zeit, die Kürbisse zu öffnen und auszuhöhlen. Von außen waren sie nun trocken und faltig, doch sie hatten ein unglaubliches Gewicht. Die Alte zitterte fast vor Spannung, als sie den Deckel von dem ersten Kürbis schnitt. Heraus quoll feiner weißer Reis von der vollkommensten, wohlgeformtesten Art – und je mehr sie ausschüttete, um so mehr Körner kamen hinterher.

Mit sieben weiteren unerschöpflichen Reisquellen war die Zukunft gesichert, und die Familie war unversehens nicht mehr eine der ärmsten, sondern eine der reichsten weit und breit. Doch während sich die meisten Nachbarn mitfreuten, gab es auch jemanden, der vor Neid fast platzte: Eine andere alte Frau, die ihrer Nachbarin den Segen mißgönnte, sah nicht ein, warum nicht auch sie ihr Glück versuchen sollte. Was der Nachbarin recht war, sollte ihr nur billig sein, koste es, was es wolle. Da sie die Geschichte von dem Sperling kannte, wußte sie nur zu genau, wie sie es anzustellen hatte. Also bewaffnete sie sich mit Steinen und zielte auf die Vögel in ihrem Hof.

Sie brauchte mehrere Versuche, doch schließlich traf sie einen Sperling, der wie erstarrt sitzen blieb. Schnell nahm sie ihn auf und brach ihm den Flügel. Da ein Vogel für den Segen, den sie im Sinn hatte, nicht ausreichte, ruhte sie nicht, bis sie etliche weitere verletzt hatte. Dann warf sie ihnen das Nötigste an Nahrungsbröckchen vor und redete auf sie ein, das Vermögen für sie zusammenzutragen. Derart tyrannisiert, konnten die Vögel es kaum erwarten, von dem Haus und der lieblosen Pflege fortzukommen. Ein paar Wochen später kehrten sie zurück, jeder mit einem Samenkorn im Schnabel. Beglückt setzte die Alte sie in den Boden. Doch als die Ranken groß waren und Kürbisse trugen, erntete sie bittere Früchte, aus denen Plagen, Krankheiten, Leid und alle möglichen Arten von Unglück hervorkamen.

Das Geschenk der Schildkröte

Tierliebe wird reich belohnt, wie zwei weitere Geschichten zeigen. Beide handeln von Meeresschildkröten, die Fischern ins Netz gingen und von ihnen den Wellen zurückgegeben wurden.

In der ersten Geschichte war ein Jahr oder länger seit dieser großmütigen Tat vergangen, als Fujiwara no Yamakage sein Schiff über das Meer steuerte. In einem zweiten Boot folgten seine Frau und sein geliebter Sohn. Der Knabe stammte aus seiner ersten Ehe – die erste Frau war gestorben – und wurde von der neuen Mutter mit so viel Liebe großgezogen, daß es Fujiwara nie in den Sinn kam, Zweifel an ihr zu hegen. Vertrauensvoll, wie er war, ahnte er nicht, daß sie an Mord dachte, und die Reise gab ihr die Möglichkeit dazu. Als es dunkel war, stieß sie das Kind über Bord; dann wartete sie eine Weile, bevor sie um Hilfe rief. Bis die Boote gewendet und die Suche aufgenommen hatten, war der Knabe verschwunden.

Plötzlich tauchte eine Meeresschildkröte auf, und Yamakage weinte vor Freude, als sie ihm das Kind auf ihrem Panzer zurückbrachte. Auch seine Frau vergoß Tränen, allerdings Tränen der Wut und Enttäuschung. In derselben Nacht erschien die Schildkröte Yamakage im Traum und warnte ihn vor dem Doppelspiel seiner Frau. Sicher an Land angekommen, schickte der Seemann seinen Sohn in ein Kloster, wo ihre Intrigen ihm nichts anhaben konnten.

Der Fuchs

Der Fuchs, „kitsune" genannt, verkörpert in Japan weibliche Reize. Die schlanke Gestalt und der buschige Schwanz des Tieres, der an die Haarpracht einer Frau erinnert, unterstreichen diese Assoziation.

In den japanischen Mythen verlieren nicht wenige Männer ihr Herz an einen Fuchs, der sie in Gestalt einer Frau verführt; manchmal kommt es sogar zur Vermählung. Auch Frauen fallen dem Fuchs zum Opfer, obgleich er nicht danach trachtet, sie körperlich zu besitzen, sondern geistig – die Beherrschung durch einen Fuchsgeist gilt als Ursache für psychische Erkrankungen.

Fuchs-Geschichten enthalten zwar eine sexuelle Symbolik, doch tritt diese in der Regel gegenüber dem Inhalt der Erzählung in den Hintergrund. In manchen Fällen befindet sich der Fuchs lediglich auf Nahrungssuche, in anderen geht es ihm darum, Verwirrung um der Verwirrung willen zu stiften. Bisweilen taucht der Fuchs in gänzlich anderer Gestalt auf, nicht als Trickster, sondern als gewissenhafter Bote zwischen Göttern und Sterblichen.

***Füchse und eine merkwürdige Hexerei.* Holzdruck von Utagawa Kuniyoshi, um 1845.**

Schlangen und Drachen

Eine stattliche Zahl von Ungeheuern in Schlangen- und Drachengestalt windet sich durch die japanischen Mythen. Sie waren Verkörperungen des primitiven Bösen und der Lust.

Der Schlange wird eine Phallussymbolik beigemessen, doch da sie in allgemeinerem Sinne als Fleischwerdung unzüchtiger Triebe angesehen wurde, taucht sie oft in Mythen auf, die von ungezügeltem weiblichem Verlangen berichten. So verwandelt sich in einer Geschichte ein Mädchen, das in unerlaubter Liebe zu einem jungen Mann entbrennt, in eine gewaltige Schlange, die ihr Opfer verfolgt.

Indes verbindet sich mit der Schlange weit mehr als sexuelle Symbolik: Sie steht auch mit dem Wasser in Verbindung. Ihr Schlängeln, ihr fließendes Gleiten, drängt den Gedanken an die endlose Bewegung in einem strömenden Gewässer geradezu auf, eine Assoziation, die durch die tatsächliche Vorliebe von Schlangen für wasserreiche Lebensräume noch zusätzlich Nahrung erhält.

Auch der Drache – eine Art geflügelter Riesenschlange – gilt als Geist des Wassers, wenngleich als einer, dessen Gegenwart sich in mächtigen Dunstwolken und peitschendem Regen manifestiert. Diese Identifikation mit Wasser geht auf die uralte chinesische Tradition zurück, in der Drachen die Hüter von Seen und Flüssen waren.

Yegara-no-Heida tötet die Riesenschlange Uwahami, von der man sagte, sie könne einen Reiter mitsamt seinem Pferd verschlingen. Holzschnitt von Kuniyoshi, um 1830.

Der Held der zweiten Geschichte war Urashima. Kaum hatte er die Meeresschildkröte ihrem Element zurückgegeben, verwandelte sich das Tier vor seinen Augen in ein schönes Mädchen. Sie nahm ihn mit in das Reich der Schildkröten, ein Paradies unter den Wellen, in dem er ein Leben der Wonne führte.

Doch es scheint in der Natur des Menschen zu liegen, mit dem unzufrieden zu sein, was er hat, und sei es das Paradies. Urashima jedenfalls sehnte sich bald nach seiner einfachen Hütte. Seine Frau flehte ihn an, die einmal getroffene Entscheidung nicht rückgängig zu machen, aber nach einiger Zeit gab sie den Widerstand auf. Sie schenkte ihm eine kleine Schachtel, die er mitnehmen sollte: Wenn er zu ihr zurückkommen wolle, solle er darauf drücken, doch auf keinen Fall öffnen. Dann nahm sie Abschied von ihm, und er fand sich an seiner heimatlichen Küste wieder.

Aber er entdeckte nirgendwo auch nur eine Spur von seiner Familie. Er fragte die Leute und erzählte ihnen, wer er war, aber sie sagten immer wieder, daß der einzige Urashima, von dem sie je gehört hätten, vor 300 Jahren auf See verschollen sei. In seinem Schreck griff er nach dem Kästchen und öffnete unwillkürlich den Deckel – um im selben Augenblick seinen Fehler zu erkennen. Von jenseits der Wellen erreichte ihn die Stimme seiner Frau, die ihm vorhielt, daß er sein Versprechen gebrochen und sich damit für immer aus ihrer Welt ausgeschlossen habe. So wurde Urashima zu einem Gestrandeten zwischen Welten und Zeiten, ausgestoßen aus seiner neuen Heimat und fremd in seiner alten.

Der dankbare Krebs

Einst kaufte ein Mädchen einem Fischer einen Krebs ab und ließ ihn frei. Ihr Vater, ein ebenso tierlieber Mensch, versuchte derweil, einer Schlange einen Frosch zu entreißen. Das Reptil hatte die Beute aber so fest im Griff seiner Kiefer, daß er den Frosch nicht befreien konnte. Am Ende gab er der Schlange ein Versprechen: Wenn sie von dem Frosch ablasse, werde er ihr seine Tochter zur Frau geben. Die Schlange erfüllte die Bedingung, und bevor sie sich davonschlängelte, sah sie ihm noch einmal fest in die Augen.

In jener Nacht kam ein Mann an die Tür und verlangte die Einlösung des Versprechens. Es mußte

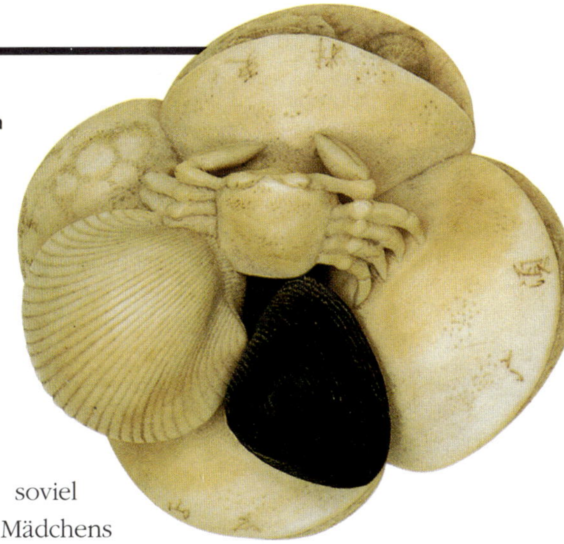

Krebse, die gelegentlich mit den Seelen verstorbener Sippen-Angehöriger in Verbindung gebracht wurden, waren in Japan kein ungewöhnliches Motiv. Ein *netsuke* aus dem 19. Jahrhundert.

die Schlange sein, soviel war dem Vater des Mädchens klar, und er bat ihn, in ein paar Tagen wiederzukommen. Der Mann willigte ein, wies aber noch einmal darauf hin, daß er sich holen werde, was ihm zustehe. Dem Vater blieb nichts anderes übrig, als seiner Tochter endlich von dem Versprechen zu berichten. Das arme Mädchen verkroch sich in sein Bett und war durch nichts zu bewegen, wieder aus dem Zimmer zu kommen.

Bald darauf kehrte die Schlange in Reptilgestalt zurück. Warum sollte sie sich noch verstellen? Der Vater versuchte verzweifelt, ihr den Weg zu versperren, doch die Schlange glitt einfach an ihm vorbei zum Zimmer der Tochter. Sie peitschte mit dem Schwanz gegen die Tür, während das Mädchen drinnen am Boden kauerte. Doch Hilfe nahte – die Götter, zu denen sie betete, konnten das Flehen eines Menschen, der selbst so große Güte bewiesen hatte, nicht überhören.

Von draußen kam ein Murmeln, das immer lauter wurde. Während der Lärm anschwoll, blickte der Vater von der Tür aus ungläubig auf ein Heer von Krebsen, die über den Kiesstrand anmarschiert kamen und die Nacht mit dem Lärm von tausend scharrenden Scheren erfüllten. Als die anrückenden Tiere durch die geöffnete Tür ins Hausinnere drängten, trat er erschrocken zurück. Zielstrebig marschierten sie zu der Kammer, wo die Schlange gerade dabei war, der heftig widerstrebenden Braut die Jungfräulichkeit zu rauben. Sie stürzten sich auf die Schlange und begruben sie unter einer wogenden Masse aus schnappenden, schneidenden Scheren. Innerhalb von Sekunden war sie in kleine Stückchen zerlegt und das Mädchen gerettet. Die reine Liebe zwischen den Geschöpfen hatte über niedriges Verlangen gesiegt.

Vom Leben der Blumen und Bäume

Unzählige Geschichten bezeugen die große Bedeutung von Pflanzen in der japanischen Mythologie. Der Tradition zufolge besitzen sie lebende, empfindsame Seelen, nicht anders als Menschen und Tiere. Zwischen Menschen und Pflanzen sollen sogar Liebesbande bestanden haben.

Von allen Seiten brandet der Verkehrslärm gegen den Hibiya-Park in Tokio. Im Schatten der Wolkenkratzer gelegen, bietet der Park dennoch eine Zuflucht vor dem Getöse des großstädtischen Japans. In dem berühmten Blumenladen des Parks stehen die schönsten Sträuße zum Verkauf, deren herrliche Farben für einen Augenblick die Tristesse der zubetonierten Umgebung vergessen lassen. Wenn man hier im Herzen der Stadt steht, kann man sich kaum vorstellen, daß der alte Gingkobaum in der Mitte des Parks einst alles andere im weiten Umkreis überragte. Bäume sind ein wichtiges Symbol in Japan geblieben, ob sie nun würdevoll in ihrem natürlicheren ländlichen Umfeld aufragen oder wie Zwerge im Schatten himmelhoher Geschäftsgebäude ihr Leben fristen. Und so ist auch der Gingko im Hibaya-Park nicht einfach irgendein Baum. Seine Bedeutung reicht bis tief in die mythische Vergangenheit hinein.

Man sagte vom Gingko, daß er der Loyalität fähig sei, und seine eigenartigen Wölbungen an Stamm und Ästen verglich man mit weiblichen Brüsten. Aus diesem Grund sollen Mütter von Säuglingen den Baum früher verehrt haben, und die Assoziation ist bis in die heutige Zeit erhalten geblieben.

Als man den Hibiya-Park anlegte, war es selbstverständlich, den heiligen Gingkobaum als natürlichen Mittelpunkt zu erhalten. Zum Kummer der Planer sah es jedoch so aus, als würde der Baum die Parkanlage ablehnen. Seine Blätter begannen zu welken, und er stellte sein Wachstum ein. Aus allen Teilen des Landes wurden Gärtner gebeten, mit Rat und Tat zur Gesundung des Baumes beizutragen, doch alle Mühe schien vergebens. Der Zustand des Gingkobaums verschlechterte sich; es schien, als wolle er sterben.

Im schwindenden Licht eines jener Tage stand der Gartenbaumeister neben dem kranken Baum und schüttelte traurig den Kopf, während er überlegte, ob er noch irgend etwas zu seiner Rettung tun könne. Plötzlich bemerkte er, daß eine alte Frau neben ihm stand. Sie lächelte und sagte, er solle sich keine Sorgen machen. Habe er denn die Tradition vergessen und nicht darüber nachgedacht, was man mit dem Baum in Verbindung bringe? Sie wies ihn an, die Wurzeln mit Milch zu gießen und abzuwarten, was dabei herauskomme. Bevor der Gärtner die Sprache wiedergefunden hatte, war die Alte verschwunden. Aber er befolgte ihren Rat – und der Gingko gewann seine Lebenskraft zurück.

Milchig-weißes Porzellan mit glückverheißenden Pflanzenmotiven. Der Lotus symbolisiert das jenseitige Leben. Kakiemon-Porzellan (17. Jh.).

Die Schönheiten der Natur

Zahllose herrliche Gärten bezeugen die Liebe der Japaner zu Bäumen, Sträuchern und Blumen. Das Sorgen für die Pflanzen gilt als eine heilige Pflicht, ihre Vernichtung als barbarischer Akt. Wie die Mythen berichten, kann Pflanzenliebe, genau wie Tierliebe, reich belohnt werden.

Dies ist die Geschichte des Mannes, von dessen zauberhaftem Garten ganz Kyoto sprach. Außer seiner alten Mutter waren Pflanzen seine einzigen Gefährten, und er betrachtete die Blumen als Freunde. Für sie zu sorgen war Pflicht und Freude zugleich, und er war mit seinem be-

Der große Walnußbaum von Kurita

Viele Mythen berichten von Bäumen, die so konkret beschrieben werden, daß sie existiert haben könnten. In anderen Baumgeschichten kommt viel Unwirkliches vor; sie haben oft eine Moral.

Die Geschichte der Eiche von Tsukushi, die so hoch wuchs, daß sie einen Hunderte von Kilometern langen Schatten warf, bekommt erst am Ende einen Sinn, wenn der Baum umstürzt und der Länge nach am Boden liegt. So lang wie eine Bergkette und breit genug für Hunderte von Menschen, die Seite an Seite auf ihm entlanggehen können, dient der Baum vermutlich als Erklärung für das Vorkommen einer ergiebigen Kohleader.

Die Geschichte eines anderen Riesenbaums, des Walnußbaums von Kurita in der Region Omi, enthält eine Moral. Dieser Baum war so groß, daß er seinen Schatten auf die Reisfelder vieler Distrikte warf. Schließlich ordnete der Provinzstatthalter an, ihn zu fällen.

Aber so sehr sich die Männer auch anstrengten, sie konnten den Baum nicht fällen, denn alle Kerben, die sie dem Stamm am Tag beibrachten, waren am nächsten Morgen wieder verschwunden.

Die Erklärung dafür war, daß die anderen Pflanzen der Gegend den Baum als ihren König verehrten und ihm nachts ihren Balsam brachten, um ihn zu heilen. Doch dann beging der Walnußbaum aus Stolz einen folgenschweren Fehler: Als der Efeu ihm anbot, ihn mit seinem Saft zu behandeln, lehnte er die Hilfe eines so geringen Kletterers hochmütig ab. Der Efeu beschloß, sich zu rächen. Er begab sich zu den Holzfällern und offenbarte ihnen im Traum, warum ihr Tagwerk immer wieder zunichte gemacht wurde. Doch nicht nur das. Er erklärte ihnen auch, wie sie verhindern könnten, daß die anderen Pflanzen ihren Balsam auf die Wunden des Walnußbaums auftrugen. Kurz darauf lag der mächtige Baum am Boden.

Auf geheimnisvolle Weise hielt der Walnußbaum den scharfen Klingen stand.

scheidenen Leben glücklich und zufrieden. Aber das Glück konnte nicht ewig währen. Der Tod der Mutter traf ihn wie ein furchtbarer Schlag, und er verfiel in eine seelische Finsternis. Sogar seine Blumen machten den Mann nun traurig, wenn er daran dachte, daß auch sie, sobald der Winter kam, tot sein würden. Ihre Schönheit konnte nicht andauern, das wurde ihm nun klar; sie würden vergehen und sterben wie alles in dieser elenden Welt. Auf die weltlichen Dinge war kein Verlaß – und so beschloß er, seinem bisherigen Leben den Rücken zu kehren und gemäß der buddhistischen Tradition Einsiedler zu werden.

Der Mann verließ Kyoto und zog in die Berge, wo er die Tage in Kontemplation und im Gebet verbrachte. Niemand kam in die Nähe seiner Einsiedelei, und obwohl viele Monate vergingen, ohne daß er eine menschliche Stimme vernahm, sehnte er sich nicht nach Gesellschaft. Eines Abends jedoch hörte er ein zartes Klopfen an seiner Tür. Er öffnete, und vor ihm stand eine alte Dame, von Kopf bis Fuß in blaue Gewänder gehüllt. Die Kunde von seiner Weisheit und Heiligkeit habe sich weithin verbreitet, sagte sie und bat ihn, sie in der Lehre des Buddha zu unterweisen.

Er hatte nie daran gedacht, andere zu unterweisen, da er doch nur hier war, um der Gesellschaft anderer zu entgehen. Aber seine Besucherin hatte ihre Bitte mit so viel Nachdruck vorgetragen, daß er das Gefühl hatte, sie nicht zurückweisen zu können; darüber hinaus würde eine alte Frau seinen Seelenfrieden kaum gefährden.

So bat er sie herein und begann mit seiner Lehransprache. Er hatte noch nicht lange gesprochen, da trat eine jüngere Dame ein, ganz in Grün gekleidet. Sie setzte sich neben die erste Besucherin und hörte seinen Worten aufmerksam zu. Von da an wuchs sein Publikum im Abstand von Minuten. Immer mehr Damen erschienen, eine in Gelb, die andere in Weiß und Rosa, eine weitere in Purpur und Rot. Am Ende saßen etwa dreißig Frauen vor ihm; sie lächelten besonders zustimmend, als er neben dem Wert des menschlichen Lebens auch den des pflanzlichen und tierischen hervorhob.

Als der Diskurs beendet war, traten die Damen auf ihn zu, dankten ihm – und gaben sich zu erkennen: Sie seien in Wirklichkeit seine Blumen und hätten den Weg von Kyoto nicht gescheut, um ihm bei seiner spirituellen Suche behilflich zu sein. Jede machte ihm einen kleinen Gebetsvers zum Geschenk, dann verschwanden sie in der Kälte der Nacht. Als die letzte ging, kündigte die aufgehende Sonne den schönsten Morgen an: Taubesetzte Blätter glitzerten silbern, und Blüten in allen Farben verteilten sich wie Tupfer in dem frischen Grün. Der Gesang der Vögel stieg zum Himmel empor wie ein Dank für die Schönheit der Schöpfung, während ein kleiner Bach dazu plätscherte. Niemals, so erkannte der Einsiedler, hatte er dieses Glück und diesen Seelenfrieden erlebt.

Bande der Liebe

Die Geschichte von Akoya, der Tochter eines Provinzstatthalters unter Kaiser Mommu, der vor mehr als 1200 Jahren regierte, gehört ebenfalls in die Reihe der Liebesgeschichten zwischen Menschen und Pflanzen.

Eines Herbstabends saß Akoya mit ihrer *koto,* einer Zither, vor dem Haus; da stimmte das zauberhafte Spiel einer Flöte in ihr Lied ein, und als sie aufsah, entdeckte sie, daß ein vornehmer junger Mann in einem grünen Gewand sie begleitete. Die beiden legten ihre Instrumente beiseite und unterhielten sich. Es dauerte nicht lange, da entbrannten sie in Liebe zueinander.

Von nun an trafen sie sich am Ende eines jeden Tages, bis Akoya eines Abends feststellte, daß ihr Geliebter traurig war. Dies sei das letzte Mal, sagte er, daß er sie sehen dürfe, denn es sei ihm vorherbestimmt, am nächsten Tag zu sterben. Mit diesen Worten verschwand er, und an der Stelle, an der er gerade noch gestanden hatte, lag der Schatten einer Kiefer.

Am nächsten Tag kamen Holzfäller und fällten eine große Kiefer; ihr Holz wurde gebraucht, um eine Brücke über den Fluß zu bauen, nachdem Hochwasser die alte zerstört hatte. Doch als der Baum am Boden lag, konnten sie ihn nicht von der Stelle bewegen. Irgendwann hörte Akoya von den Schwierigkeiten, und schnell wurde ihr klar, daß die Kiefer ihr Liebster sein mußte. Sie eilte dorthin, wo der Baum lag, und legte liebevoll ihre Hand auf ihn. Von jenem Augenblick an brauchte sie nur ein Wort zu sagen, und die Kiefer rollte von selbst an den angegebenen Ort.

Liebesgeschichten, bei denen Pflanzen und Blumen beteiligt waren, endeten nicht immer glücklich. Eine Geschichte berichtet von dem Suzuki-Gras, das ein Prinz von außerordentlicher Schönheit und großem Mut war. Er verliebte sich in Yaye-zakura, den hübschesten Kirschbaum. Eine Zeitlang widersetzte sie sich seinem hartnäckigen Werben, doch schließlich gab sie nach und schmiegte sich in seine grünen Arme. Die Romanze sollte jedoch jäh unterbrochen werden, und zwar von Ume, dem Pflaumenbaum.

Ume war schon lange unglücklich in Yaye-zakura verliebt und konnte es nicht ertragen, sie in den Armen eines anderen zu sehen. Noch mehr aber erboste ihn, daß sie mit Suzuki ein minderwertiges Gras einem Baum vorgezogen hatte. Von seinen wütenden Reden aufgestachelt, versammelten sich alle Bäume unter seinem Kriegsbanner; die Gräser eilten an die Seite Suzukis, und es kam zu einer schrecklichen Schlacht.

Menschen hätten einander nicht erbitterter bekämpfen können. Bäume und Gräser setzten alle Mittel ein. Mehrere Male mußten die Bäume zurückweichen, und es sah so aus, als sollten die Gräser den Sieg davontragen. Doch dann erschien Kusuno-ki, der Kampferbaum, auf dem Schlachtfeld und wendete das Blatt. Er legte Feuer an die Gräser und brannte sie bis auf den letzten Halm nieder. Auch Suzuki fiel. Zurück blieb Yaye-zakura; aus Trauer um den Geliebten schor sie ihr Haupt, legte ihr zartes Blütengewand ab und kleidete sich in eine triste schwarze Kutte aus Rinde. Seither werfen Kirschbäume ihre Blüten ab.

Einsiedler suchten Inspiration in der Schönheit der Natur, die im 19. Jahrhundert zu einem bedeutenden Thema in der darstellenden Kunst der Edo-Zeit wurde. Die Elemente der Natur wurden symbolisch gesehen: Hier waten Reiher in einem Fluß vor einer Insel voller Schwertlilien, die den Sommer symbolisierten. Pfauen verhießen Glück und wurden mit Schönheit und Fülle gleichgesetzt.

Der heilige Mann

Viele der schönsten japanischen Geschichten handeln von großen buddhistischen Heiligen des Landes. Wandermönche wie En-no-Shokaku und Nichiren tauchen immer wieder auf; der bekannteste der vielen Nachfolger Buddhas aber war Kobo Daishi.

Eine junge Frau war mit ihrer Webarbeit beschäftigt, als sie am Nachmittag ein Klopfen an der Tür hörte. Sie öffnete und sah einen alten Mann, staubbedeckt und mit zerschundenen Füßen. Der Wanderer grüßte höflich und fragte, ob er etwas Wasser haben könne. Die Bitte brachte sie in Verlegenheit. Ihr Faß sei leer, sagte sie, und die nächste Quelle ein Wegstück entfernt, doch es komme gar nicht in Frage, daß er selber gehe. Er solle sich ausruhen, während sie Wasser hole.

Der Besucher nahm das Angebot dankbar an und setzte sich zum Warten nieder, während die Frau in die Berge ging. Als sie endlich zurückkam, stiegen dem alten Mann die Tränen in die Augen. Seinen Dank wies sie lachend zurück. Das sei doch das mindeste, was sie für einen Reisenden tun könne, und habe ihr überhaupt keine Mühe gemacht.

Bevor er aufbrach, sagte der Alte, daß er ein Gegengeschenk machen wolle. Er nahm seinen Stab, stieß ihn in den Boden – und hatte direkt neben der Tür einen Brunnen geschlagen. Nie wieder, so sagte er, solle sie Wasser mit solcher Mühe holen müssen. Mit diesen Worten verließ er seine Gastgeberin, und diese konnte ihr Glück kaum fassen.

Die Nachbarn kamen, um das Werk des Alten zu bewundern. Wo sich zuvor nackte, trockene Erde erstreckt hatte, sprudelte nun kristallklares Wasser. Einige Leute liefen die Straße hinunter, um dem Alten ihren Dank auszusprechen, doch er war fort. Da ahnten sie, daß der Besucher Kobo Daishi gewesen sein mußte, der berühmteste buddhistische Heilige in Japan und der als Kukai bekannte Gründer der Sekte vom „Wahren Wort", Shingonshu.

Um den bei japanischen Erzählern äußerst populären Kobo Daishi ranken sich zahlreiche Legenden. Ebenso zahlreich sind die Brunnen, die er mit heiliger Hand hervorgebracht haben soll. Kobo Daishi wanderte unerkannt kreuz und quer durch das Land; wo ihm Freigebigkeit zuteil wurde, belohnte er sie, wie er umgekehrt Geiz bestrafte. Von letzterem berichtet die Geschichte des Hausbesitzers, der ihm ein paar Kartoffeln verweigerte, unter dem Vorwand, sie seien so hart, daß er sie keinem Gast vorsetzen könne. Kobo Daishi sorgte dafür, daß sie genau dies in alle Zukunft waren. Wie lange der Mann auch die Kartoffeln kochte, sie blieben steinhart und ungenießbar – eine rechte Speise für jemanden mit einem harten Herzen.

Kobo Daishi konnte Brunnen sprudeln lassen, sie aber auch zum Versiegen bringen. Dies geschah in dem berühmten Fall des Dorfes, dessen Bewohner dem Heiligen ein Glas Wasser verweigerten und die fortan von dem Wasser gemieden wurden. Oberhalb und unterhalb des Ortes floß der Fluß wie eh und je – im Dorf selbst aber verschwand er unter der Erde.

Daß Kobo Daishi ein besonderer Heiliger war, kündigte sich bereits bei seiner Geburt an, denn er kam mit gefalteten Händen auf die Welt, als ob er beten wolle. Der heranwachsende Knabe zeichnete sich in jeder Hinsicht aus, aber seine Heiligkeit stach besonders hervor. Seine erste Predigt hielt er auf Shikoku, wo er lebte, der kleinsten der japanischen Hauptinseln. Dort vollbrachte der junge Heilige auch sein erstes Wunder. Nachdem ein Fuchsgeist ihn zu täuschen versucht hatte, vertrieb er alle Füchse von der Insel. Danach befreite er viele Orte von Plagen – von Mücken ebenso wie von fürchterlichen Drachen.

Eine Fülle guter Taten

Eines Tages störten Meeresungeheuer ihn in seiner Meditation. Er trieb sie in das Meer zurück, indem er mystische Texte rezitierte und ihnen ins Gesicht spie – zuvor waren Lichtstrahlen des Abendsterns in seinen Mund gedrungen und hatten seinem Speichel besondere Kräfte verliehen. Ein andermal traf Kobo Daishi, als er einen Bergpaß passierte, auf ein paar Kinder, die weinend unter einem riesigen Walnußbaum saßen. Sie hätten die Nüsse gern gegessen, konnten aber weder die untersten Äste erreichen noch den gewaltigen Stamm hochklettern. Der Heilige erteilte den Walnußbäumen der Region die Anweisung, schon von frühester Jugend an Nüsse zu tragen.

Die Kraft der Sutras

Die Mythen aller Kulturen spiegeln den Glauben an die Macht des Wortes wider. Von einigen solcher Formeln ist allerdings nur noch der Wortlaut und nicht seine mystische Bedeutung überliefert.

So verhält es sich in Japan mit den Sutras, die seit vielen Jahrhunderten rezitiert werden. Bei diesen japanisch-buddhistischen Texten handelt es sich um Gebetsformeln, die in den Originalsprachen Chinesisch und Sanskrit überliefert wurden und deren dunkle Bedeutung nur noch wenigen Eingeweihten verständlich sein dürfte. An ihrer poetischen Schönheit gibt es jedoch keinen Zweifel.

Das heiligste Sutra – schon der Titel kann wie ein Gebet gesprochen werden – ist das berühmte Hokkeiyo oder Lotus-Sutra. Als sein Verfasser gilt Shakyamuni Buddha selbst, der es auf dem Geier-Gipfel im fernen Indien gepredigt haben soll. Die Tatsache, daß nur wenige den Inhalt verstehen, hat weder der Kraft des Textes Abbruch getan noch den Glauben der Japaner in das Sutra gemindert.

Eine Legende beispielsweise berichtet von einem Heiligen, der ein Verbrechen begeht, um in den Kerker geworfen zu werden und andere Häftlinge die Macht des Lotus-Sutra zu lehren. In einer anderen Geschichte ersticken beim Erklingen des Sutra sogar die Flammen der Hölle. Eine buddhistische Sekte lehrt, daß man bereits zu Lebzeiten ins Paradies kommen kann, wenn man mit Hilfe des Lotus-Sutra meditiert. Die Liste der Wunder, die das Aufsagen des Sutra vollbringt, ist endlos.

Frontispiz des *Großen Sutra von der Vollkommenheit der Weisheit* (14. Jh.).

Die Geheimnisse der Berge

Der chinesische Taoismus hat in Japan zwar nie als Religion Fuß fassen können, wohl aber großen Einfluß ausgeübt. Die Vorstellung von einem mystischen Weisen, einem Halbgott mit übernatürlichen Kräften, hielt in Form des *sennin* oder Einsiedlers in den Buddhismus Einzug.

Die Geister, an die Mühe körperlicher Arbeit nicht gewöhnt, ächzten vor Anstrengung, als sie daran gingen, Steine zu brechen und Erde zu schaufeln. Götter und Dämonen, Geister und Kobolde – sie alle schufteten wie gemeine Kuli. Geister, die andernorts Terror verbreiteten, fanden sich hier als Sklaven wieder.

Mochten sie, ungläubig über ihre Erniedrigung, auch die Augen verdrehen oder, überwältigt von Wut, die Fäuste gen Himmel recken – jeden Gedanken an Rebellion erstickte der ruhige Blick des Aufsehers. Denn hoch in den Felsen oberhalb der Schlucht, in der sie sich abmühten, stand der Mann, der sie zur Arbeit gezwungen hatte – ein hagerer, heilig aussehender Mann, der nichts Heldisches an sich hatte. Und doch gab es Zeichen der Härte in seinem milden Blick.

Die Zwangsarbeiter kannten jene Härte nur allzu gut. Hatte sich nicht einer von ihnen, ein furchtbarer Riese, geweigert, an der großen Felsbrücke zu arbeiten, die der heilige Mann als Verbindung zwischen zwei Bergen errichtete? Und war er nicht am Ende in seiner eigenen Höhle eingemauert worden, mit der Drohung, daß er für alle Zeiten dort eingekerkert bleiben werde? Kein vernünftiger Geist machte den Fehler, den schwächlich aussehenden Mann zu unterschätzen, denn er war Enno-Ozuna oder Gyoja, der „Asketische Meister".

Gyoja gehörte zu der großen Zahl von japanischen Einsiedlern, die in den chaotischen Jahren des 14. Jahrhunderts der Gesellschaft den Rücken gekehrt und sich in die Stille der Berge zurückgezogen hatten, wo sie in Ruhe meditieren und beten konnten. Diese Heiligen wurden als Halbgötter verehrt, die sich von allen irdischen Dingen losgesagt hatten und, wie es hieß, über magische Kräfte verfügten.

Einige der bekanntesten japanischen *sennin* entstammten der chinesischen Mythologie. Zu ihnen gehörte Tobo-Saku, „Der ewig junge Mann des Ostens", der den Gesetzen der Zeit nicht unterworfen war und nicht alterte. Er trug einen Pfirsich in der Hand, der sich Jahr für Jahr mit frischem Saft füllte. Tobo-Saku symbolisierte den Frühling – ebenso wie die stets junge und schöne Weiwobo, die „Königinmutter", die der Königinmutter des Westens in der chinesischen Überlieferung, Xi Wan Mu, entsprach.

Einige *sennin* wurden mit besonderen Tieren und Pflanzen in Zusammenhang gebracht: Kinko Sennin, der „Hohe Mann mit einer Harfe", ritt auf dem Rücken eines Kranichs, während er sein Instrument spielte; Kiku-jido, der „Knabe mit der Anmut einer Chrysantheme", entfernte sich nie von der ihm zugeschriebenen Blume. Die *sennin* beherrschten alle mög-

Als Stupa bezeichnet man sowohl einen buddhistischen Tempel als auch, wie hier, einen Schrein zur Aufbewahrung von Gebeten. Die hier abgebildeten Stupas aus Holz gehören zu der Sammlung Hyakuman To, die eine Million solcher Objekte umfaßt. Sie wurden von Kaiserin Shotoku im 8. Jahrhundert in Auftrag geben, nachdem es ihr gelungen war, einen Aufstand niederzuschlagen.

In Geschichten über die *sennin* spielten Berge und die übernatürlichen Eigenschaften, die ihnen zugeschrieben wurden, eine wichtige Rolle. Die Erzählung von Ikkaku offenbarte die Grenzen der Fähigkeiten jenes heiligen Mannes sowie die wesentliche Bedeutung von Drachen als Verursacher des lebenspendenden Regens. *Nachtregen auf dem Oyama,* Holzschnitt von Utagawa Toyoshige, um 1830.

lichen übernatürlichen Künste: Sie flogen durch die Lüfte und wandelten auf den Wellen, sie riefen Geister aus dem Nichts hervor und erschienen und verschwanden, wie es ihnen beliebte.

Die Mythen, die von ihnen berichten, mögen auf Einsiedler zurückgehen, die tatsächlich gelebt haben. Sie waren als Menschen auf die Welt gekommen und konnten ihr Menschsein nie ganz ablegen. Mochten sie noch so hoch aufsteigen – sie konnten auch tief stürzen. Ein *sennin* verlor seine übernatürlichen Kräfte, sowie er der Versuchung durch weltliche Begierden erlag. In jenem Augenblick stürzte er zurück auf die Erde – was allerdings nicht immer das Schlimmste war, wie die Geschichte von Kume-no-Sennin zeigt.

Kume-no-Sennin stürzte auf die Erde, weil er den Blick nicht von den Füßen einer Frau abwenden konnte, die Wäsche in einem Fluß wusch. Er stand auf, verabschiedete sich wohlgemut von seinem Status als heiliger Mann und gab den Platz frei, der in der Ruhmeshalle der mythischen Gestalten für ihn vorgesehen war. Statt dessen umwarb und heiratete er seine betörende Wäscherin, um – nunmehr unbeachtet – mit ihr ein glückliches Leben zu führen.

Der tragische Fall von Ikkaku, dem „einhörnigen" *sennin,* erwies sich in gewisser Weise ebenfalls als ein Segen, denn in seinem gerechten Eifer hatte er alle mordenden Drachen Japans zusammengetrieben und eingesperrt. Dies machte dem Unwesen, das sie trieben, zwar ein Ende, aber Ikkaku hatte vergessen, daß damit auch der Regen versiegte, denn die Regenwolken unterstanden der Herrschaft der Drachen.

Auf den Feldern verdorrten die Früchte, und die Menschen riefen Ikkaku verzweifelt um Hilfe an, doch er hatte in seinem fanatischen Kampf kein Ohr für sie. Schließlich griff der Herrscher der Region zu einer List. Er wählte die hübscheste Dame aus, die an seinem Hof lebte, und schickte sie zu der Einsiedelei des *sennin,* wo sie sich die Zeit angenehm vertreiben sollte. Der heilige Mann konnte dem Anblick nicht widerstehen und trat ins Freie. Er war so von ihr betört, daß er ihrem Drängen nachgab und einen Pokal Reiswein annahm. Zweifach berauscht von der Wirkung des Alkohols und weiblichen Liebkosungen, sank er in ihre Arme, ohne zu merken, wie seine heiligen Kräfte nachließen. Da brachen die Drachen aus ihrem Gefängnis hervor und verteilten sich in Gestalt von gewaltigen Wolken am Himmel. Bevor Ikkaku seinen Rausch abschütteln konnte, öffnete der Himmel seine Schleusen und überschwemmte die dürstende Erde mit lebenspendendem Naß.

GÄRTEN – RÄUME DER MEDITATION

Das Anlegen von Gärten oder *teien* und das Züchten von Blumen und Bäumen gehören zu den ältesten Traditionen Japans, da sie die Möglichkeit bieten, für Auge, Geist und Gefühl jene harmonische Einheit zu schaffen, die in der Natur durch die fünf Elemente Fluß, Meer, Berg, Wald und Wiese zum Ausdruck kommen. Diese vom Shinto-Glauben geprägten Gedanken wurden im Laufe der Zeit durch buddhistische Vorstellungen von Paradieswelten beeinflußt, von einsamen, oft gebirgigen Orten, an denen man durch Meditation zu tieferen Einsichten gelangen konnte. Nach und nach brachte der Gartenbau in Japan eine Reihe von Besonderheiten hervor – darunter das Ikebana, die Kunst des Blumensteckens, und die Bonsai-Zwergzüchtungen –, aber allen Anlagen, ob sie nun Paläste, Schreine oder schlichte Häuser schmücken, liegt der Gedanke an die *kami* der beseelten Natur zugrunde. Bäume, Sträucher, Moos, Felsen, Teiche, Wasserfälle, Bäche, Brücken und Kies lassen sich in endloser Variation zu ästhetischen Landschaften gestalten, die sehr unterschiedliche Stimmungen und Geisteshaltungen widerspiegeln, von sinnlicher Prachtentfaltung bis hin zur schlichten Schönheit, die in Japan als *wabi*, der „Reiz des Einfachen", bezeichnet wird.

Oben: Der Moosgarten des Saihoji-Tempels wurde im 14. Jahrhundert angelegt. Die Steinlaternen oder *ishi-doro* erinnern an das Bergparadies der Buddhisten und setzen gleichzeitig Akzente in der Moosfläche.

Unten: Die strenge, aus nur wenigen Elementen geschaffene Gartenanlage war eine Entwicklung des Zen-Buddhismus. Die Felsbrocken stellen Berge dar, die Kieselsteine die Wellen einer Wasseroberfläche.

Unten rechts: Kiefern, Kamelien, Pflaumenbaumblüten und Berge schmücken diesen *chatsubo* oder Teeblätter-Behälter (17. Jh.). Zen-Mönche tranken Tee, um während ihrer langen Garten-Meditationen wachzubleiben.

Links: Seerosen und rotgoldene heilige Koi-Fische beleben diesen See in den Gärten des Rinnoji-Tempels, der zum Gebäudekomplex des Toshogu-Schreins von Sendai auf Honshu gehört. Wasser als Teil von Parkanlagen war vor allem beim Adel der Heian-Zeit beliebt.

Unten: Das langärmelige *furisode*-Seidengewand, das von jungen Frauen und Kindern zu besonderen Gelegenheiten getragen wurde, ist mit Motiven aus der Natur bestickt, die wegen ihrer glückbringenden Bedeutung sehr geschätzt waren. Wasserläufe durchziehen die Landschaft. Kiefern und Ahornbäume dominieren die obere Hälfte des *furisode,* während Pfauen und Päonien – Symbole für Schönheit und Reichtum – den unteren Teil schmücken. Die erlesene Arbeit läßt darauf schließen, daß die Besitzerin der Samurai-Klasse angehörte. Edo-Zeit, 19. Jahrhundert.

DAS VERMÄCHTNIS DER JAPANISCHEN MYTHEN

In kaum einem anderen Land sind die Mythen so eng mit dem öffentlichen Leben verflochten wie in Japan. Die als *kami* bezeichneten Götter und Geistwesen, von denen sie erzählen, waren bereits in der Frühzeit Gegenstand der Verehrung und sind es geblieben – ein bemerkenswertes Phänomen. Im Laufe der Jahrhunderte vereinigten sich die regionalen Kulte in der Shinto-Religion, der bis heute eine hohe kulturelle und soziale Bedeutung zukommt.

Zunächst scheint Shinto, der „Weg der Götter", wenig mehr gewesen zu sein als ein Sammelbegriff für die vielfältige Verehrung der *kami* in regionalen Schreinen und Kultstätten. Erst mit seinem Aufstieg zur Hofreligion trat der Kult der Sonnengöttin Amaterasu und anderer Schutzgottheiten der Kaiserfamilie als Ziel nationaler Anbetung allmählich in den Vordergrund.

Dennoch blieb der Shintoismus eine wenig organisierte Religion, zumal der Buddhismus in den folgenden Jahrhunderten an Bedeutung gewann. Das änderte sich nach 1868, als die radikalen Kräfte, die in Japan die Macht ergriffen hatten – die Meiji-Reformer –, eine ungewöhnliche Entscheidung trafen. Während sie einerseits die Nation nach westlichem Muster zu modernisieren suchten, stützten sie andererseits ihre Ideologie durch eine Rückkehr zu den spirituellen Wurzeln Japans: Der Shintoismus wurde Staatsreligion.

Der Kaiserkult

Die Einführung des Staatsshintoismus, wie er nun genannt wurde, war aufs engste mit dem Kaiserkult verbunden. Während eines Großteils der Geschichte Japans war der Kaiser ein Herrscher nur dem Namen nach gewesen, der als eine Art Hoherpriester des Shintoismus Rituale durchzuführen hatte, aber kaum Machtbefugnisse besaß. Unter den Meiji-Reformen hatte er weiterhin wenig mit dem Regierungsalltag zu tun, wurde jedoch als Inkarnation des japanischen Nationalgefühls zum Mittelpunkt eines intensiven Kultes. Und das Fundament für das kunstvolle Gebäude der Kaiserverehrung bildeten die Mythen, die auf die etwa 1150 Jahre zuvor niedergeschriebenen *Kojiki* und *Nihongi* zurückgingen.

Nach 1868 wurde die Göttlichkeit des Kaisers – bis dahin eine eher abstrakte Vorstellung – zum zen-

Kaiser Akihito wohnt dem alljährlichen Ise-Fest bei. Die Zeremonie wird auch heute noch vom Tenno geleitet, da er als direkter Nachkomme der Sonnengöttin Amaterasu gilt.

Farbenfrohe Karpfenbanner flattern im Wind, wenn im Mai das Tango-no-sekku oder Knabenfest gefeiert wird. Das uralte Symbol des ausdauernden Karpfens taucht an diesem Tag besonders häufig auf, da man den Knaben Gesundheit und eine mutige Gesinnung – nach dem Vorbild der mythischen Helden – wünscht.

tralen Lehrsatz der Staatsideologie. Die Kinder lernten in der Schule, daß der Kaiser ein direkter Nachfahre Amaterasus sei und daß die Geschichte des Landes im Jahre 660 v. Chr. mit dem mythischen Kaiser Jimmu, dem Ururenkel der Sonnengöttin, begonnen habe. Während sich die Mehrzahl der Japaner mit dieser Version der Ereignisse zufriedengab, gingen extreme Nationalisten einen Schritt weiter und behaupteten, die göttliche Herkunft ihres Herrschers mache die Japaner zu „Kindern der Götter". Diese Einstellung führte in den 30er Jahren des 20. Jahrhunderts dazu, daß man den eigenen Imperialismus damit rechtfertigte, Angehörige fremder Nationalitäten seien minderwertig.

Der Staatsshintoismus förderte nicht nur die wörtliche Auslegung der Mythen, sondern wirkte sich auch negativ auf die Religionsausübung aus. Während die großen Tempel eine Blütezeit erlebten, da sie erstmals mit öffentlichen Geldern unterstützt wurden, kämpften die kleinen Schreine gegen den Ruin. Gleichzeitig wurde der Buddhismus, der in der Tokugawa-Ära eine dominierende Rolle gespielt hatte, in den Hintergrund gedrängt. Ein als *shinbutsu bunri* bezeichnetes Gesetz verfügte die Trennung von Buddhismus und Shintoismus. Buddhistische Bildwerke wurden aus Shinto-Schreinen entfernt, ein Teil wurde zerstört.

Die nationalistische Shinto-Bewegung erreichte ihren Höhepunkt im Jahr 1945, als *kamikaze*-Piloten ihr Leben dem Kaiser und der Sonnengöttin weihten, ehe sie zu ihren Selbstopfer-Einsätzen aufbrachen. Der Sieg der Alliierten setzte sowohl der Shinto-Bewegung als auch dem Nationalismus ein Ende.

Die Nachkriegsverfassung Japans, von den Besatzungsmächten diktiert, forderte ausdrücklich die Trennung von Religion und Staat. Gemäß Artikel 20 war es unzulässig, daß religiöse Organisationen irgendwelche staatlichen Privilegien oder politischen Befugnisse innehatten. Das hatte zur Folge, daß die Shinto-Schreine keine staatliche Unterstützung mehr erhielten und wie früher auf Stiftungen von Gläubigen angewiesen waren. Gleichzeitig gewährten die neuen Gesetze Religionsfreiheit und ermunterten andere Religionen wie Buddhismus und Christentum, wieder in Japan Fuß zu fassen. Und Kaiser Hirohito erklärte sich in einer Rundfunkansprache an die Nation formell bereit, auf den Göttlichkeitsanspruch zu verzichten. In Zukunft sollte er als konstitutioneller Monarch regieren.

Dieser Bruch mit der Vergangenheit hat die Einstellung der Japaner gegenüber dem Shintoismus – und damit gegenüber ihrem nationalen mythologischen Erbe – auf subtile und doch tiefgreifende Weise verändert. In mancherlei Hinsicht ist man zu den religiösen Gepflogenheiten vor der Meiji-Zeit zurückgekehrt, etwa in der Wiederbelebung der Schreine als spirituelle Zentren für die umliegenden Gemeinden. Auch die Verschmelzung der Religionen erlebt einen neuen Aufschwung: Bei Meinungsumfragen bezeichnen sich über 90 Prozent der japanischen Bevölkerung als Shinto-Anhänger und 75 Prozent als Buddhisten.

Die beiden Glaubensrichtungen ergänzen einander wieder so wie früher. Während der Shintoismus für die großen Ereignisse des Lebens zuständig ist, für Hochzeiten und Geburten, aber auch für den Segen wichtiger Unternehmungen wie Hausbau oder Geschäftseröffnung, bevorzugt man buddhistische Rituale für die Bestattung der Toten. Auch in vielen japanischen Privathäusern existieren die beiden Religionen friedlich nebeneinander: Häufig findet man einen buddhistischen Altar gleich neben einem Shinto-„Götterregal", das so genannt wird wegen der Amulette, religiösen Souvenirs und sonstigen Symbole der Gottheiten, die darauf zur Schau gestellt sind. Der Verkauf solcher Devotionalien, die Gesundheit und Glück bringen, für Erfolg bei Examina und Führerscheinprüfungen sorgen und zu Beförderungen verhelfen sollen, ist für viele Schreine eine wichtige Einnahmequelle. Gegen Geld nehmen Priester auch die Segnung neuer Häuser oder Firmen vor. Und bei Tokio gibt es sogar ein Heiligtum, das sich darauf spezialisiert hat, Autos zu segnen, um deren Besitzer vor Unfällen und hohen Reparaturrechnungen zu schützen.

Auf anderen Gebieten ist das Erbe des Shintoismus eher fragwürdig. Aus mythischen Episoden wie Izanagis Besuch im Totenreich *(Seite 36)* oder Susanos Entweihung von Amaterasus Webehalle durch das abgezogene Fell eines Pferdes *(Seite 40)* hat sich ein tiefer Abscheu vor allem entwickelt, was mit dem Tod oder dem Umgang mit toten Tieren zu tun hat.

Dieser Ekel belastet bis heute das Verhältnis zu den *buraku-min,* Bevölkerungsgruppen, die traditionell Berufe wie Metzger, Gerber oder Totengräber ausüben. Die früher als *eta,* die „Schmutzigen", bezeichneten Gruppen sind heute vom Gesetz gegen Diskriminierung geschützt, haben jedoch immer noch unter Vorurteilen zu leiden.

Derartige Comics, die als *manga* bezeichnet werden, sind in Japan ungeheuer beliebt. Sie setzen die Abenteuer der legendären Helden und die phantastischen Elemente der alten Mythen in populäre Geschichten und Bilder um. Diese gespenstische Frauengestalt ist einer der traditionellen Dämonen, die in den modernen Medien fortleben.

In dem Film *Träume* von Japans bekanntestem, 1998 verstorbenen Regisseur Akira Kurosawa erschließt sich die magische Welt shintoistischer Mythen und *kami*.

Auch die Verquickung des Shinto-Glaubens mit dem Nationalismus führte zu einer Reihe von Kontroversen. Das zeigte sich besonders deutlich, als Ministerpräsident Yasuhiro Nakasone 1985 beschloß, dem Yasukuni-Schrein in Tokio einen offiziellen Besuch abzustatten. Dem Volksglauben gemäß beherbergt das Heiligtum die Seelen aller Gefallenen der vergangenen 120 Jahre, einschließlich derer aus dem Zweiten Weltkrieg; darunter befinden sich auch Kriegsverbrecher von hohem Rang wie der Diktator Hideki Tojo, der hier 1979 von seinen Anhängern heimlich bestattet wurde. Da der Schrein außerdem stets einen besonderen Platz in den Gefühlen der Nationalisten eingenommen hatte – „Auf Wiedersehen in Yasukuni" lautete der Abschiedsgruß der *kamikaze*-Piloten –, führte der Besuch Nakasones zu Protesten vieler Bürger.

Ähnlicher Unmut wurde laut, als man 1990 anläßlich der Thronbesteigung von Kaiser Akihito das traditionelle *daijosai-Fest* wieder einführte. Bei dieser Zeremonie, die während der Tokugawa-Periode fast ganz in Vergessenheit geraten war, heißt der neue Herrscher die *kami* in einer eigens zu diesem Zweck errichteten Halle willkommen und bietet ihnen geweihten Reis an, ehe er sich symbolisch mit Amaterasu vereint. Kritiker sahen in dem Ritual einen Versuch, an das Dogma von der Göttlichkeit des Kaisers anzuknüpfen; Befürworter hingegen halten das Fest lediglich für die Wiederbelebung eines alten Brauchs.

Die Aktualität des Shintoismus

Solche Auseinandersetzungen beweisen, daß die Diskussion um das mythologische Vermächtnis und die Zukunft des Shintoismus in Japan anhält. Manche Intellektuelle, die seine Verflechtung mit dem Militarismus der Meiji-Periode als einmaligen „Ausrutscher" betrachten, sähen es am liebsten, wenn der Glaube über das *Kojiki* hinaus zu seinen unverfälschten animistischen Wurzeln zurückkehren würde. Für sie lag die wahre Stärke des Shinto schon immer in der Verehrung der Natur und der Götter und Geister, die ihr innewohnen. Und sie finden seine Botschaft wichtiger denn je – in einer Zeit, da die Umwelt durch den Menschen zunehmend bedroht wird und ihre Verschmutzung ein globales Problem ist.

Wie so oft gehörten die Künstler zu den Pionieren dieses Trends. Allerdings scheuten sie lange davor zurück, die Mythenstoffe zu gestalten, wohl vor allem wegen ihrer komplexen politischen Assoziationen, und überließen dieses Feld lieber den *manga* – flott hingestrichelten Comics, die als billige Massenware reißenden Absatz finden.

Einzelne Schriftsteller und Filmemacher näherten sich über Themen aus der japanischen Geschichte oder Sagenwelt den Mythen an. Es paßt zur japanischen Tradition des Vermischens spiritueller Welten, daß eines der erfolgreichsten Werke der neuen Shinto-Sensibilität von einem Christen stammt, dem renommierten Filmregisseur Akira Kurosawa, der 1998 verstarb. In seinem Spätwerk *Träume* vermischen sich die Mythen mit der Gegenwart. Ein kleiner Junge läuft bei Regen in einen Wald und sieht einen Hochzeitszug mit prächtig gekleideten, aufrecht gehenden Füchsen; ein anderer darf einen Blick auf die *kami* der Pfirsichbäume werfen, die entwurzelt wurden, als seine Eltern einen alten Obstgarten einebnen ließen; eine schöne Dämonin lockt einen Bergbewohner, der in einen Schneesturm geraten ist, in den Tod. In diesen Filmvisionen ist etwas von der Urkraft enthalten, die allen Mythen innewohnt. Und zugleich stellt sich die Frage nach ihrer Zukunft in der modernen Welt.

Glossar

Bakufu „Zeltregierung"; Herrschaft des Shogun, benannt nach dem Hauptquartier eines Heeres auf dem Marsch.

Bushi Bewaffneter Gefolgsmann oder Berufskrieger; Bezeichnung für alle Krieger, die Familien mit militärischer Tradition gründeten.

bushido „Weg des Kriegers"; der Ehrenkodex, der dem ungeschriebenen Gesetz „Weg des Pferdes und des Bogens" *(kyuba no michi)* folgte. Der „Weg des Kriegers" war die Ethik des Kriegeradels der Samurai. Die Grundwerte bestanden in der bedingungslosen Treue gegenüber dem Herrn, der Waffentüchtigkeit und der Todesverachtung.

Daimyo Feudalfürst mit Großgrundbesitz, in dessen Diensten zahlreiche Samurai standen. Sie hatten ihm gemäß dem *bushido* einen Treueid zu schwören.

hokora Kleiner Schrein auf dem Lande, zu Ehren eines der *kami* aufgestellt.

inro Ein kleiner Behälter aus mehreren Teilen, der am Gewand getragen wurde.

kami „Höherstehende"; eine Lebenskraft, die dem Shinto zufolge alle Dinge, lebendige und leblose, beseelt. Oft auch ihre Personifizierung in Form eines Geisterwesens.

kamikaze Der Taifun oder „Götterwind", der 1274 und 1281 gewaltige Invasionsflotten der Mongolen vernichtete. Im Zweiten Weltkrieg die Selbstopferflüge der Piloten.

kana Schriftsystem, mit dem im 9. Jahrhundert chinesische Ideogramme zu phonetischen Symbolen für jeweils eine Silbe im Japanischen umgeformt wurden.

Magatama Juwelenhalsband der Fruchtbarkeit, das von der Sonnengöttin Amaterasu getragen wurde.

miko Junge Frauen, die in Shinto-Schreinen als Priesterinnen Dienst tun.

miyabi Höfischer Lebensstil, dessen größte Tugend die zurückhaltende Eleganz war.

nembutsu Die formelhafte Anrufung des Amida Buddha, insbesondere in Verbindung mit der Lehre „Reines Land".

ninja Eine Gruppe von Männern und Frauen, die als Kundschafter und Mörder ausgebildet waren. Sie stammten meist aus den unteren Klassen und wurden vom Daimyo beauftragt, heimlich in feindliche Burgen einzudringen oder Gegner zu liquidieren.

ronin Während der Tokugawa-Periode Bezeichnung für alle Bushi und Samurai, die herrenlos waren. Einige dieser *ronin* gaben Unterricht in den Kriegskünsten oder ergriffen irgendeinen anderen Beruf, der mit dem Samurai-Status im Einklang stand (beispielsweise Leibwächter).

Samurai Eine Bushi-Klasse. Ursprünglich hatten Samurai die Aufgabe, ihren Herrn zu beschützen. Später wurde diese Bezeichnung auf alle Bushi von Rang angewendet, die einem Kriegsherrn dienten.

seppuku Ritueller Selbstmord eines Samurai durch Bauchaufschlitzen, in der westlichen Welt oft mit einem derberen Wort als Harakiri bezeichnet.

Shinto „Weg der Götter"; Japans Urreligion, deren auffälligstes Merkmal die riesige Zahl der Götter und Naturgeister ist. Shinto stand stets in enger Beziehung zum Kaiserhaus.

shirukume Ein aus Reisstroh gefertigtes Seil, das die Anwesenheit eines *kami* anzeigt; auch *shimenawa* genannt.

Shogun Titel mit der Bedeutung „kaiserlicher General". Seit der erste Shogun, Minamoto Yoritomo, die Macht in Japan errang, hatte der Kaiser kaum noch politischen Einfluß. Im Jahre 1868 wurde das Shogunat im Zuge der Meiji-Reformen abgeschafft.

Tenno Titel, der dem Kaiser im 7. Jahr hundert verliehen wurde und „Himmlischer Herrscher" bedeutet.

Torii Heiliges Tor, das den Bereich eines Shinto-Schreins markiert, bestehend aus zwei Seitenpfosten sowie zwei Querpfosten, rot lackiert und gewöhnlich aus Holz gefertigt.

wabi Ästhetik der Armut, in der das Schlichte höher eingeschätzt wird als das Raffinierte; *wabi* fand in Dichtung, Architektur und Gartenbau künstlerischen Ausdruck.

Register

Die *kursiv* gedruckten Seitenzahlen beziehen sich auf Bildunterschriften. Erscheint der Begriff auf einer Seite im Text und in der Bildunterschrift, ist die Seitenzahl nicht kursiv gedruckt.

C

D

E

F

G

H

I

J

K

L

M

N

O

Weiterführende Lektüre

Arct, Bohdan: *Kamikaze. Nach dem Tagebuch eines Todesfliegers*. Regensburg 1998
Benedict, Ruth: *Chrysantheme und Schwert. Die japanische Kultur.* Frankfurt/Main 1999
Brüll, Lydia: *Die japanische Philosophie.* Darmstadt 1993
Chamberlain, Basil Hall: *ABC der japanischen Kultur: Ein historisches Wörterbuch*. Zürich 1990
Collcutt, Martin, Jansen, Marius, und Kumakura, Isao: *Japan.* (Reihe: „Weltatlas der alten Kulturen"). München 1989
Doi, Takeo: *Amae – Freiheit in Geborgenheit. Zur Struktur japanischer Psyche.* Frankfurt/Main 1982
Dumoulin, H.: *Geschichte des Zen-Buddhismus.* Bd. 2: *Japan*. Tübingen 1986
Dürckheim, Karlfried Graf v.: *Japan und die Kultur der Stille.* München 1992
Elisseeff, Vadime: *Japan. Kunst und Kultur.* Bd. 4. Freiburg 1987
Fontain, Jan, und Hempel, Rose: *China, Korea, Japan*. Berlin 1988
Hempel, Rose: *Meisterwerke des japanischen Farbholzschnitts. Die Sammlung Otto Riese.*.München 1997
Inoue, Kiyoshi: *Geschichte Japans.* Frankfurt/Main 1995
Leonard, Jonathan Norton, und die Redakteure der Time-Life Bücher: *Das alte Japan*. (Reihe „Zeitalter der Menschheit"), Amsterdam 1976
Leroi-Gourhan, André und Arlette: *Eine Reise zu den Ainu. Hokkaido 1938*. Zürich 1995
Morris, Ivan: *Samurai oder Von der Würde des Scheiterns.* Frankfurt/Main 1989
Murasaki Shikibu (978–um 1016): *Die Geschichte vom Prinzen Genji.* Frankfurt/Main 1995
Murphy, Wendy B., und die Redakteure der Time-Life Bücher: *Japanese Gardens.* (Reihe „Encyclopedia of Gardening"). Alexandria, Va., 1979
Naumann, Nelly: *Die Mythen des alten Japan.* München 1996
Neuss-Kaneko, Margret: *Familie und Gesellschaft in Japan. Von der Feudalzeit bis in die Gegenwart.* München 1990
Pohl, Manfred: *Kleines Japan-Lexikon*. München 1996
Seagrave, Peggy und Sterling: *Herrscher im Reich der aufgehenden Sonne. Die geheime Geschichte des japanischen Kaiserhauses.* München 1999
Sei Shonagon (10. Jahrhundert): *Das Kopfkissenbuch der Dame Sei Shonagon*. Frankfurt/Main 1975
Suzuki, Daisetz T.: *Zen und die Kultur Japans.* Bern 1994
Time-Life Bücher, Redakteure der: *Im Japan der Samurai und Shogune.* (Reihe „Wie sie damals lebten"). Amsterdam 1999

Quellennachweis der Abbildungen

Der Herausgeber dankt den folgenden Personen und Institutionen für die Genehmigung, ihr Bildmaterial zu veröffentlichen. Es wurde jede Anstrengung unternommen, die Inhaber des Copyrights ausfindig zu machen. Sollten einige von ihnen fehlen, werden wir diese gern in die nächsten Auflagen aufnehmen.

Schlüssel: o oben; **M** Mitte; **u** unten; **l** links; **r** rechts

Abkürzungen:
Bridgeman Art Library, London/New York = BAL
British Museum, London = BM
Christie's Images, London = Christie's
Duncan Baird Publishers = DBP
e.t. archive, London = et
Images Colour Library, London = Images
Robert Harding Picture Library = RHPL
Victoria & Albert Museum, London = V&A
Werner Forman Archive, London = WFA

Einband V&A (E5554–1886); **Einband/Rahmen** Christie's; **Titelseite** BM (M4S 11.1.044); **Inhaltsseite** Bonhams/BAL; **Seite 6** RHPL; **7** Christie's; **8** et; **10** Georg Gerster/Network; **11** Museum für Völkerkunde, München/DBP; **12** Fitzwilliam Museum/BAL; **13** Royal Asiatic Society/BAL; **14** Christie's; **17** Michael Holford; **18** WFA; **18–19** Christie's; **19** Christie's; **20** BL/BAL; **21** Christie's; **22–23** International Society for Education and Information, Tokio; **23** BM (1940.12–12.1,2); **24–25** et; **26** Christie's; **27** International Society for Education and Information, Tokio; **28o** V&A (W125-1921); **28l** V&A (E3151-1886); **28r** BAL; **29o** P. Fusco/Magnum Photos; **29u** RHPL; **30** Nigel Blythe/RHPL; **31** BAL; **32** V&A (CT173); **33** Christie's; **34** Boston Museum of Fine Arts (11.7972); **35** RHPL; **36** V&A (A.48-1952); **39** Hutchison Picture Library; **40** Japanese Art Gallery/DBP; **42–43** Japanese Art Gallery/DBP; **44** BM 1927.10-14.8); **45** Christie's; **46** G. Hellier/RHPL; **47** V&A (A746-1910); **49** Christie's; **50M** V&A (1.9-1915); **50u** Dreawett Neate Fine Art Auctioneers/BAL; **51o** Mitchell Coster/Axiom; **51u** Thierry Cazabon/Tony Stone Images; **52** V&A (E3940-1916); **53** BM (JP 3496); **54** BM (1969.4-14.01); **56** BAL; **57** BM (JA OA +999); **61** Christie's; **62** V&A (A.924-1910); **64–65** Christie's; **66** Christie's/BAL; **67** Christie's; **68** Japanese Art Gallery/DBP; **68–69** BM (ADD 790); **70** BM (1954.4-17); **71** WFA; **73** Japanese Art Gallery/DBP; **74** BAL; **75** Christopher Rennie/RHPL; **76** Fitzwilliam Museum/BAL; **77** Christie's; **78** Christie's; **79** BAL; **80** Blackburn Museum/BAL; **82** Christie's; **84–85** V&A (E.10535-1886); **86** BM (JA 3490); **87** Michael Holford (OR 261C); **88** V&A (E.3452-1886); **89** et; **90** BM (HG143); **92** Eve Tottini/RHPL; **93** V&A (459-1904); **94** BL/BAL; **97** The Chester Beatty Library, Dublin (CBJ 117(1)); **99** The Chester Beatty Library, Dublin (CBJ 1164(22)); **98–99u** BM (HG371); **100** BM (OA 13545); **101o** G. Hellier/RHPL; **101u** BAL; **102** V&A (E.10930-1886); **103o** Fitzwilliam Museum/BAL; **103u** AA Photo Library; **103r** Christie's; **104** Christie's; **105** Jon Burbank/Hutchison Library; **106** Sotheby's Auctioneers, New York; **107** Horniman Museum, London/et; **108** V&A (E.12308-1886); **109** Christie's; **110** Ninja Museum, Ueno, Japan/WFA; **112** V&A (E.4759-1886); **113** Nigel Blythe/RHPL; **116** V&A (E.11557-1886); **117** BAL; **120** V&A/BAL; **121** V&A (E.11507:1-1886); **122** V&A (E.12587-1886); **123** Christie's; **124** BM (F.478); **126–127** Christie's/BAL; **128** V&A (FE.107-1975); **130** BM (1930.4-24.1 et al.); **131** V&A/BAL; **132o** Bruno Barbey/Magnum Photos; **132u** Michael Jenner/RHPL; **132ur** International Society for Education and Information, Tokio, Japan; **133l** Joel Rogers/Tony Stone Images; **133r** International Society for Education and Information, Tokio, Japan; **134** Rex Features; **135** C.McCooey/TRIP; **136** Manga Entertainment; **137** Ronald Grant Archive, London